# 约瑟夫自传

The Life

约瑟夫
著作全集

[罗马] 约瑟夫（Flavius Josephus）——著　　吴轶凡——译　　黄锡木——审校　　上海三联书店

# 约瑟夫生平

约瑟夫出身于犹太人祭司家庭，是一位军官，也是一位学者。

约瑟夫本名"约瑟·便·马提亚"（Joseph Ben Matthias），按其名，是马提亚之子。他于公元 37 年出生在耶路撒冷，在耶稣受难后不久，其时正是罗马人占领犹太地。他精研犹太律法，二十多岁就被差派至罗马，商讨被尼禄皇帝（Emperor Nero）所关押的几个祭司的释放问题。在他完成任务返回家乡后，发现自己的民族已经开始了对罗马政府的反抗。

后来，他被征召成为加利利地区反抗罗马的指挥官。公元 67 年，他防守的约他帕他城（Jotapata）在被围困四十七天之后，被罗马将军韦斯巴芗（Vespasian）攻陷。当时，他与一群人藏在山洞中，准备自杀，后来却奇迹般生还。

在被韦斯巴芗捉拿时，约瑟夫表现得如同一名先知，他预言说，这场战争是源于一个"启示"，内中提及一位世界性的领袖将要兴起，就是韦斯巴芗，他将成为日后的罗马皇帝。韦斯巴芗很喜欢这个"预言"，约瑟夫因此得以免于一死。日后，当这预言成真，韦斯巴芗登基称帝时，他慷慨地奖赏约瑟夫，并赐给他韦斯巴芗的家族名字"弗拉维斯"（Flavius）。

这样，约瑟夫就有了他正式的拉丁文名字"弗拉维斯·约瑟夫"（Flavius Josephus）。

在此后的战争期间，约瑟夫始终辅佐韦斯巴芗之子，就是罗马将军提图斯（Titus）。约瑟夫了解犹太民族，并且擅长与激烈反抗罗马的团体沟通，因此，他被自己的民族称为叛徒。他也因此无法说服耶路撒冷城的防守者出城投降，约瑟夫最终成为耶路撒冷城和圣殿被毁的一名见证人。

在弗拉维斯王朝的保护之下，韦斯巴芗邀请约瑟夫写一部他所见证的战争史。他在公元78年完成了这部战争史，称为《犹太战记》（The Jewish War）。这部战争史达到了警告通国的功效，让犹太人不敢再愚昧地反抗。他先以亚兰文撰写，之后再由他人翻译为希腊文。

约瑟夫随后坚持学习希腊文，定意用希腊文写一本介绍犹太民族历史的宏伟著作，呈现给非犹太民族的读者。他的中心思想是"犹太文化、历史，以及希伯来圣经的长远和长久，远超过其他任何存在的历史文化"。他将此书称为《犹太古史》（The Jewish Antiquities），包含了从旧约圣经之起始，直到公元1世纪的整个犹太历史。其中有一半内容是重述希伯来人的圣经，并大量引用其他历史学家对这些历史的评注；另一半内容是记叙史实，且加入了自己的评注。这本著作于公元93—94年完成，约瑟夫当时大约五十六岁。

虽然许多人对约瑟夫的评价是爱恨两极，但他确实是一位历史的见证人。他的作品被公认为具有权威性，直到今天，他的作品仍是了解世界历史关键点的一把钥匙。

# 约瑟夫著作

约瑟夫(Flavius Josephus)的著作是除了新约圣经和旧约次经之外，唯一来自公元 1 世纪的详尽历史资料，是了解公元前 3 世纪至公元 1 世纪巴勒斯坦社会、宗教、文化和历史背景的必读参考作品。其篇幅是新约圣经和旧约次经合并的数倍。存留至今的四部作品都是约瑟夫定居罗马时期所写的，包括《犹太战记》《犹太古史》《约瑟夫自传》和《驳阿皮安》。《犹太古史》属于历史重写，从远古时代追溯至作者的时代；《犹太战记》则集中见证和记载公元 1 世纪犹太人起义的经过。按约瑟夫著作所提供的资料，他还至少写了五部篇幅较小的作品，但存留下来的只有《约瑟夫自传》和《驳阿皮安》，是以不同体裁撰写的自辩，大多数学者认为属于约瑟夫晚年的作品。

约瑟夫首先写的肯定是《犹太战记》。第一部手稿用亚兰文写成，已经遗失，主要是为上叙利亚(Upper Syria)的居民写的(《犹太战记》1.3)。后来，约瑟夫被软禁在韦斯巴芗以前住过的宫殿，并领取抚恤金。很可能是由于他的王室赞助人"鼓励"他用文字来为自己辩护，另一方面也是为了警告罗马帝国东部地区的人们，告诉他们继续造反是徒劳无效的，于是约瑟夫撰写了第二部手稿，这部手稿内容可能更加丰富。在写作助手的帮助下，约瑟夫完成了这部作品的希腊文版本。在韦斯巴芗统治末期，大约公元75—79年之间，《犹太战记》问世。

　　约瑟夫的第二部作品《犹太古史》于公元93—94年问世，写作时间与第一部作品相隔大约十六年。毫无疑问，约瑟夫是利用这段时间来收集材料，为第二部巨作做准备。但也可能有另外一个原因，导致约瑟夫在文学写作上出现如此漫长的停顿期。图密善（Domitian）特别反对文学，因此当时历史学家的处境岌岌可危。在图密善统治的整个期间，塔西陀（Tacitus）、普林尼（Pliny）和尤维纳利斯（Juvenal）等作家都选择保持沉默。失去王室赞助的约瑟夫，又找到另一位赞助人，叫以巴弗提（Epaphroditus）。以巴弗提很可能是一位语法学家和研究荷马（Homer）的作家，拥有一个大型的图书馆。约瑟夫后来所有的作品都题献给这位以巴弗提。

　　在《犹太古史》的结尾（20.267及后面的内容），约瑟夫告诉读者他还有两项写作计划：(1)对犹太战争的简要概述和犹太民族战后的历史；(2)"三卷以我们犹太人的观点来看神、他的本质以及我们律法的书，探讨为何按照律法，我们可以做某些事，也被禁止做另外一些事"。显然，这两部作品都没有出版。但是第二部作品[在其他地方约瑟夫也将其称作《风俗和理由》(On Customs and Causes)]应当已经在约瑟夫的脑海中成形，并且完成了部分手稿，这可以从约瑟夫提到有三卷书的话，以及《犹太古史》零星提到的有关内容中推断出来①。

---

① 　优西比乌（《教会史》3.10)和另一些古代学者还把《马加比四书》归为约瑟夫的作品。

约瑟夫的两部短篇作品,至少从它们现有的形式来看,应当是约瑟夫最后的两部作品。

这两部作品是在约瑟夫晚年时发表的,当时处于公元 2 世纪初图拉真皇帝(Emperor Trajan)统治时期,约瑟夫年近六十八岁。《约瑟夫自传》(以下简称《自传》)的记述一直延续到公元 2 世纪,因为文中提到在亚基帕二世死后,出现了另一位写犹太战争史的历史学家,是约瑟夫的竞争对手。我们知道,亚基帕二世是在公元 100 年去世的。《驳阿皮安》(拉丁文:Contra Apionem)的写作时期肯定晚于公元 94 年,也就是晚于《犹太古史》的写作时间,因为约瑟夫在《驳阿皮安》中提到了《犹太古史》(1.1.54,2.287)。这部作品同样提到一位写犹太战争史的历史学家,也是与约瑟夫立场相左的。虽然文中没有提到他的名字,但显然约瑟夫强烈抨击的这位历史学家,就是《自传》中所提到的尤斯图斯(Justus)。因此,《驳阿皮安》应当是在公元 2 世纪初发表的。

这两部作品形成奇特的对比:我们看到约瑟夫最差的一面,也看到他最好的一面。这两个方面都颇具争议,《自传》是为自己辩护,《驳阿皮安》则是为自己的民族辩护。但是在写作风格、内容编排以及处理手法上,这两部作品迥然不同,很难想象它们是同一位作者在同一时期的作品。

写传记或自传可说是现今名人的时尚,但在古典时期则不甚普及。人物传记早于希罗时期(公元前 250—公元 100 年)甚或更早就有。这些古希腊传记记述了许多著名历史人物的生活言行,例如苏格拉底(约公元前 5 世纪)和爱比克泰德(约公元 60—138 年)等。自传则属罕有,以至很多人以为教父奥古斯丁的《忏悔录》是自传文学的始祖,亦是一般人记忆中最经典的自传。其实，在罗马时期也有自传的例子，例如古罗马历史学家塔西佗（公元 56—120 年）著作中提及，鲁弗斯（Publius Rutilius Rufus，约公元前 158—前 77 年）和司考鲁斯（Marcus Aemilius Scaurus，约公元前 162—前 89 年）曾经写过自传，但他们的著作不为人所欣赏，可能在塔西佗时期就已经散失了。如此看来，《约瑟夫自传》或许是留存至今的古代自传文献中最早的一部。很明显，约瑟夫写《自传》的目的是为作出自辩：当时有同行作家公然诋毁约瑟夫，认为他在犹太人起义的开头有参与煽动民众之嫌，这可影响到他在罗马的生活和安全；此外，《自传》也是说明，他写《犹太古史》并非只是像一个无情的历史学家作考古式的记载，他是以一个热爱自己民族的犹太人身份去撰写这部长达六万行、二十卷的《古史》。

约瑟夫的这本《自传》（拉丁文：Vita），可能是《犹太古史》的附录，未见于《犹太古史》初版，大概是以后再版时补上的。这是从《犹太古史》二十卷结尾的段落中自然得出的结论。在结尾的开始，约瑟夫写道（259节）："现在，我要为这本古史做个总结"；然后，经过一些扼要的重述和自我表彰，约瑟夫接着写道（266 节）："或许我应当趁着还有活着的人可以反驳或证实我的话时，简短地回顾我的家族历史和个人生平，我想这样做应该不至于招人反感吧。"随后约瑟夫第二次结束整部作品，他先写道（267 节）："我将以此作为这本古史的结尾"，然后注明写作的确切时间："图密善统治的第十三年，也就是我生命的第五十六年"，即公元 93—94年。然而，正如前面已经提到，《自传》这部作品的出现应当晚于公元100 年。显然，这部作品有两个不同的结束语，约瑟夫保留了原来的结尾，但是在这个结尾前面，添加了第二版手稿的结论，为他的新作品《自传》做铺垫。

　　约瑟夫之所以要把他的自传作为《犹太古史》的附录，是因为还有一个犹太人，就是提比哩亚的尤斯图斯，也出版了一部关于犹太战争的历史书，并且和约瑟夫的立场相左。尤斯图斯指控约瑟夫煽动他（尤斯图斯）所出生的城市（提比哩亚）起来背叛罗马（336 节及后面的内容）。尤斯图斯诋毁性的批判是对约瑟夫的刻意中伤，不仅影响约瑟夫作品的销售，也威胁到约瑟夫在罗马的安全地位。约瑟夫需要立刻做出回应，反驳尤斯图斯的批评，于是就出现了这部《自传》。应当说，这是一部名不符实的作品，因为它不是一部完整的自传。《自传》的内容主要集中在约瑟夫担任加利利的指挥官，直到约他帕他被围困那半年的时间，约瑟夫重点为自己在那半年的行为做出辩护。在这个基础上，约瑟夫又概括描述了自己青年时代在巴勒斯坦的生活，以及晚年在罗马的生活，作为《自传》的序言和结尾。在这部作品中，约瑟夫不惜用大量笔墨描述自己的荣耀，几乎达到极点。

　　最近有一个新提出的理论，可以解释《自传》在内容和风格上的缺陷。荷尔·拉奎尔（Herr Laqueur）坚持认为，《自传》的核心部分不是约瑟夫晚期的作品，而是约瑟夫最早的作品之一。约瑟夫写这部分内容的时候不是五十六岁，而是三十岁。根据拉奎尔的意见，这是约瑟夫在约他帕他被围困前撰写的一份官方报告，汇报自己在加利利的行事为人，然后递交给耶路撒冷的当权者。这是约瑟夫为自己所做的辩护，因为吉斯卡拉的约阿内斯（Joannes of Gischala）和其他人一直指控他的专制统治方式，对他进行谴责。这个理论的成立，部分是因为《自传》的大部分内容集中在加利利的这段时期，部分是因为通过比较《自传》和《犹太战记》，拉奎尔发现在同样事件的记录上，存在若干相同的语句。拉奎尔试图证明，《自传》是约瑟夫早期的记录，在内容上更值得信赖。这份质朴无华的报告在当时没有派上用场，但是当一切都过去之后，它被用来对付尤斯图斯的攻击。约瑟夫把它略作修改，编成一部自传。拉奎尔的理论很吸引人。但是，如果说约瑟夫一直保留了他在加利利任职期间所记录的资料，这应该是不可能的事情。如果拉奎尔的理论是正确的，那么我们在《自传》的记录中，应当可以发现约瑟夫在未受到他的罗马文友影响前写作风格的痕迹。应当说，整篇《自传》都是约瑟夫晚期的作品，如果是这样的话，这篇作品在写作风格上的缺陷，主要是因为它是约瑟夫在匆忙中完成的，没有邀请之前的写作助手予以协助（参《驳阿皮安》1.50）。事实上，拉奎尔的理论切断了《自传》和《犹太古史》之间的关系，因为《自传》在很大程度上延续了《犹太古史》最后一卷书的写作风格，应当说，两者是同一时期的作品，或几乎是同一时期的作品。这样看来，拉奎尔的理论只有一种站得住脚的可能性，即约瑟夫青年时代的"报告"是用亚兰文写的。

《驳阿皮安》是约瑟夫所有著作中最引人入胜的一部作品，这也可以作为对《自传》写作缺陷的一种弥补。《驳阿皮安》体现了作者精心的构思，卓越的写作技巧，对希腊哲学和希腊诗歌的精通，以及他对自己民族真诚而热烈的情感。《驳阿皮安》并非为约瑟夫自己，而是为他的民族传统辩护。在这部作品中，约瑟夫为犹太教辩护，回应当时对犹太民族的一些流行偏见，同时亦回应外界对《犹太古史》的批评，论证了犹太民族古老的历史。作品的标题为后人所加，《驳阿皮安》是今天一般使用的书名，并非十分适合，因为阿皮安只是当时反对以色列人的其中一个代表，事实上,是否真有其人也很难断定。这部作品从前的标题是"论犹太人古老的历史"或"驳希腊人"。其真正用意可能不是为"驳斥"某人,而是向"外邦"(即非犹太)社会介绍和推崇犹太智慧和哲学。罗马社会的知识分子对传统犹太人思想的态度显然各有不同,有人崇尚,但公然诋毁和鄙视的也不少。前文提及的塔西佗(《历史》5.1－13)就曾公开批评犹太文化和习俗(例如割礼以及犹太宗教的一些排外行动);犹太人起义失败后,罗马社会对犹太宗教和传统的看法就更加负面了。在这八万多字的论述中,我们可以见证约瑟夫如何忠于自己的民族、信念和传统,也在在展现出他对希腊文化和哲学的认知并不下于当时的哲学家。

从《驳阿皮安》中,我们可以饶有兴趣地洞察公元 1 世纪的反闪族倾向和思想。约瑟夫批判了希腊人眼中的古代历史,并解释了为什么这些历史都没有提到犹太人。然后,约瑟夫收集了一系列证据(来自埃及、腓尼基、巴比伦和希腊的资料),证明犹太民族古老的历史,并且成功地证明了反对闪族的言论纯粹是恶意和荒谬的谎言。在此篇的最后,约瑟夫热烈地为律法颁布者摩西和他所颁布的律法进行辩护,摩西对神的观念崇高伟大,与希腊文化中流行的不道德思想形成鲜明对比。《驳阿皮安》引用了大量遗失作品中的内容,从而使这部著作具有特殊的价值。

《犹太古史》依据 William Whiston 的英文译本 The Jewish Antiquities 翻译,同时参考了希腊文版本。《自传》和《驳阿皮安》依据 H. St. J. Thackeray 的英文译本 Josephus with an English Translation (William Heinemann,1926)翻译,并参照希腊文版本进行了审校。《自传》翻译过程中亦参考了 Steve Mason 的英文译本 Life of Josephus (Translation and commentary by Steve Mason,Brill,2001)。所参照的

希腊文版本是：Niese，B.（1888— ）. *Flavii Iosephi opera recognovit Benedictvs Niese* ... Berolini：apvd Weidmannos，见于 Thackeray 的希英对照版。众所周知，Niese 所依据的抄本并非最好的，但就目前情况而言，也只能用这个古老版本了。

黄锡木

约瑟夫自传

我很大胆地说，无论是犹太人还是外国人，就算他们有这样的愿望，也无人能像我一样，为希腊人写出如此准确的作品。就连我的同胞都承认，我接受的犹太习俗教育远远超越他们，我也花了许多心血去学习希腊文，了解希腊语言中的要素，尽管出于我的语言习惯，我的希腊语发音不够标准。犹太人并不看重会说好几种外语，用优雅的发音修饰自己的语言，他们认为这种本领不算什么，无论是为奴的还是自主的，只要他愿意，都可以做到。但他们认为，只有通晓律法并能解释律法的人，才拥有真正的智慧。因为虽然有许多人竭力在这方面下苦功，但最多只有两三位能够成功，当然他们也能够很快得到他们辛苦的回报。

或许我应当趁着还有活着的人可以反驳或证实我的话时，简短地回顾我的家族历史和个人生平，我想这样做应该不至于招人反感吧。我将以此篇作为这本古史的结尾，这部作品共有二十卷，六万节。如果神许可，我会再次简略提到那场战争以及犹太人到现今——凯撒图密善统治的第十三年，也就是我生命的第五十六年——为止所发生的事情。

——《犹太古史》20 卷 262—267 节

# 家谱世系

1. （1）我出生在一个显赫的家族，祖先很早以前就是祭司。你们知道，不同[国家]对贵族出身的定义是不同的。在犹太人当中，能够跻身祭司阶层是一个家族荣耀的明证。（2）我的祖先不单来自祭司阶层，更是二十四班祭司①的日间第一班②——这实在是很大的荣耀——而且还

---

① 拉丁文版《驳阿皮安》第二卷中说，犹太人祭司只有四个班次。这可能是抄写错误，事实上应当是二十四个班次。即使在《驳阿皮安》这本书中，我们也可以看出应当是二十四个班次，而不是四个班次；因为约瑟夫说每个班次大概有五千个男子，如果乘以四个班次，祭司总数不会超过两万人；然而祭司总数应当接近十二万人，这样就应当是二十四个班次。同时，由于祭司人数大约是犹太人总数的十分之一，即使犹太人被掳到巴比伦后，也大约是这个比例。参《尼希米记》7：39—42；《以斯拉记》1：36—39；《以斯拉续篇上卷》1章24—25节；还有《以斯拉记》2：64；《尼希米记》7：66；《以斯拉续篇上卷》5章41节。另参《犹太古史》7.14.7，约瑟夫说，大卫把祭司划分为二十四个班次，一直保持到那时为止。——中译者注

② 也就是耶何雅立的班次（代上24：7）。在《犹太古史》7.366，约瑟夫陈述祭司分为二十四个班次，直到他那个时代。与此相反，《驳阿皮安》2.108（转下页）

是这班祭司中最为出类拔萃的人物。此外,我还从母亲那里继承了王室血统。我的母亲是阿萨摩尼(Asamoneus)①的后代。阿萨摩尼家族曾经在很长一段时间里履行大祭司的职分,同时在犹太人国中执掌君王的权柄。

(3)接下来我要列举我的家谱②。我们家族的族长叫西门(Simon),姓普谢留斯(Psellus)③。他生活在大祭司西门的儿子做大祭司的时代,后者是第一位被称为希尔克努(Hyrcanus)的大祭司。(4)西门·普谢留斯有九个孩子,其中[一个]叫马提亚(Matthias),又叫以弗所的马提亚。以弗所的马提亚娶了大祭司约拿单(Jonathan)的女儿为妻。约拿单是阿萨摩尼家族后代中第一个担任大祭司(约公元前 153 年)的人④,也是大祭司西门的兄弟。希尔克努统治的第一年(约公元前 135 年),以弗所的马提亚生了一个儿子,也叫马提亚,姓库尔图斯(Curtus)⑤。(5)马提亚·库尔图斯在亚历山德拉(Alexandra)统治的第九年(约公元前 70 年)生下约瑟夫(Josephus);约瑟夫在亚基老(Archelaus)统治的第十年

---

(接上页)(仅存在于拉丁文版本)则提到祭司只有四个班次(*tribus*)。——英译者注(本书注释,除另标注外,均为 H. St. J. Thackeray 译本的注释,以下不再注明。)

① 阿萨摩尼家族,也称为马加比家族,这个名字起源于著名的英雄哈斯蒙(Hashmon)。

② 犹太人特别在意他们的家谱,尤其是祭司的家谱,约瑟夫的描述就是一个绝佳的例子。另参见《驳阿皮安》1.7。——中译者注

③ 意为"口吃的人"。

④ 《马加比一书》10 章 21 节。

⑤ 意为"驼背"。

(约公元6年)生了马提亚。我就是这个马提亚的儿子，我是在凯撒该犹统治的第一年(公元37—38年)出生的。我有三个儿子：长子希尔克努，次子尤斯图斯(Justus)，还有小儿子阿基帕(Agrippa)，分别是在凯撒韦斯巴芗(Vespasian Caesar)统治的第四、第八和第九年(约公元73年)出生的。(6)好了，我已经根据我在公共注册处找到的记录，列出了我的家谱，并以此向那些试图加害我们的人表示"问候"。

## 教育背景

**2.** (7)我的父亲马提亚不单拥有高贵的身份，更重要的是，大家一致称赞他为人公义。我父亲在耶路撒冷是知名的杰出人物，而耶路撒冷是犹太人最伟大的城市。

(8)我有一个兄弟，也叫马提亚，他是我同父同母的亲[兄弟]。我们两个一起接受教育，但是因为我有超强的记忆力和理解力，我学习很快，接受了大量的教育。(9)当我还是少年，大约十四岁左右时(公元51—52年)，就得到大家的一致夸奖，夸奖我热爱读书。耶路撒冷的祭司长和官员常常在一起聚集，在我的帮助下学习更准确地理解律法方面的事情。

(10)在我十六岁左右时(公元53—54年)，我有心想要学习犹太人思想学派的专门知识。犹太人有三个思想学派，你们也常常听我们提起这三个派别①——第一是法利赛派(Pharisees)，第二是撒都该派

---

① 参《犹太战记》2.119;《犹太古史》13.171,18.11。

（Sadducees），第三是艾赛尼派（Essenes）。我想详细了解这三个派别，并选择一个最好的学派。(11)为此我刻苦用功，历经重重困难，终于掌握了这三个学派的知识。然而，我并没有为学到的知识感到满足。后来，我听说有一个叫巴努斯（Bannus）的人，在旷野生活。于是我就去跟随他，成为他忠实的门徒：穿树叶做的衣服①，吃野生的食物，为了保持身体的纯洁，还常常用冰冷的水洗澡，白天洗，晚上也洗！(12)我和巴努斯一起生活了足足有三年的时间②，满足了自己的渴望，然后回到耶路撒冷。

那时我十九岁了（公元 56—57 年），开始参与公众生活，并且追随法利赛人的学派。法利赛派和希腊人所谓的斯多葛派（Stoics）颇为相似。


## 造访罗马


**3.** (13)二十六岁（约公元 64 年）生日过后，一次偶然的机会，我去了罗马。为什么去罗马，原因是这样的：那时腓力斯（Felix）正在管理犹大，他利用一项微不足道的指控，捉拿了一批祭司。这些祭司和我的关系很好，他们都是正人君子。腓力斯把他们捆绑起来，押送到罗马，要

---

① 或者是树皮做的衣服。

② 约瑟夫说他在十六岁到十九岁这三年间，体验了犹太人的三个派别——法利赛派、撒都该派和艾赛尼派。但同时他又说，他和一个名叫巴努斯的苦行僧住在一起。从约瑟夫的描述来看，有人认为，这个巴努斯很可能是施洗约翰的门徒，按此，约瑟夫可能从巴努斯那里接触过施洗约翰的观念，甚至听过有关耶稣的教导。——中译者注

向凯撒①提交报告。(14)我希望想办法解救他们,特别是当我发现即使在恶劣的环境中,他们仍然保持对神的虔诚,只靠无花果和坚果维生②。我从海路来到罗马,其间经历了很多危险。(15)我们的船行驶到亚得里亚海(Adriatic)中央的时候,船舱进了水。船上大约有六百人,整晚都在海里游泳。幸好有神的预备,在将近黎明的时候,一艘古利奈(Cyrene)船出现在我们面前。我和其他大约八十个人比较幸运,被救到船上。(16)我们平安到达狄西亚撒亚(Dicaearchia),意大利人称这个地方为波提约里(Puteoli)。通过朋友的介绍,我结识了亚里图鲁(Aliturus)。亚里图鲁是一位喜剧演员,很得尼禄的宠爱,但他的祖先是犹太人。通过亚里图鲁,我认识了凯撒的妻子波贝娅(Poppaea)。我很快安排好相关的事情,恳求波贝娅释放那些祭司。我成功了,并且除了这个恩惠之外,我还从波贝娅那里得到很多礼物,于是便回家去了。

# 战争前夕

**4.** (17)回到耶路撒冷,我惊讶地发现革命已经开始了。很多人热切盘算着要脱离罗马的统治。我试图阻止他们的叛乱,并请求他们三思。他们应当好好打量他们想要挑战的对象——罗马人不但擅长战事,而且在战场上的运气一直很好。在这两方面,犹太人都不如罗马

---

① 即凯撒尼禄。

② 那是为了避免食用异教献祭剩下的肉类;参《哥林多前书》8章。

人。(18)不仅如此,他们不应当这样冲动而愚昧地挑起战争,让自己的国土、家庭和生命陷入彻底毁灭的危险中。(19)我这样劝说他们,并且不断拦阻他们,告诉他们我的猜测,一旦发生战争,将给犹太人带来灾难性后果。诚然,我没能劝服他们,因为暴动的狂热席卷了全国。

**5.**(20)我开始感到焦虑,担心自己反复说这些话,会引起别人的憎恶和怀疑,以为我和敌人串通。如果那样,我很可能会被他们抓起来处死。由于革命者已经占领了安东尼(Antonia)要塞①,我只能退到内殿。(21)后来,米拿现(Menahem)和暴民中的主要人物都被除掉了②,我就从圣殿出来,与祭司长和法利赛人的首领一起商量。(22)看到群众拿着武器,我们感到无比恐惧:我们不知道该做什么,也无法劝阻革命者。面对迫在眉睫的危险,我们只能表示同意他们的看法。但是我们建议他们要坚定立场,即使敌人的军队进攻了,〔也不要妥协,〕③这样,罗马人会相信他们只是拿起武器自卫。(23)我们这样做的目的,是希望用不了多久,塞斯提斯(Cestius)④就会率领大军前来,制止这场

---

① 在圣殿西北角落,高耸于圣殿之上;希律根据马克·安东尼(Mark Antony)的名字,给要塞起名叫安东尼;"要塞"也就是《使徒行传》21:34 的"营楼"。
② 参《犹太战记》2.433—448。米拿现带领一些非正规军队,是反罗马集团的领袖,后来被其他敌对派谋杀。
③ 意思不能确定,也可能是"要允许敌人撤退"。有一支罗马卫队在耶路撒冷被围困,被迫投降,后来犹太人出尔反尔,把他们杀害了:参《犹太战记》2.449 及后面的内容。
④ 当时的叙利亚总督。

暴动。

## 塞斯提斯的失败(公元 66 年)

**6.** (24)塞斯提斯果然来了,并且和犹太人开战。但是他被打败了,他手下的很多人都阵亡了①。塞斯提斯的失败成为我们整个国家的不幸。因为打败了塞斯提斯,那些热衷战争的人越发激动,他们见自己打败了罗马人,便开始憧憬最后的胜利。

## 屠杀叙利亚的犹太居民

此外,还发生了一件类似的事情:

(25)那些住在叙利亚(Syria)境内城市里的人拘捕了他们当中的犹太人,包括妇女和孩子,没有任何罪名就把他们杀害了。这些犹太人根本没有想过要通过革命来脱离罗马的统治;他们对[叙利亚]没有敌意,也没有参与革命的密谋。(26)史托普里人(Scythopolitans)的行为简直是无法无天,傲慢至极。当外来的犹太人入侵史托普里时,他们强迫住在他们中间的犹太人拿起武器,抵抗自己的同胞。对我们来说,这是亵渎神明的行为。史托普里人联合他们当中的犹太人,击败了入侵者。但是,就在取得胜利之后,史托普里人却忘恩负义,存心忘

---

① 参《犹太战记》2.499 及后面的内容。

记自己的邻舍和盟友,把他们中间的犹太人全都杀害了——人数多以万计。(27)住在大马士革的犹太人也遭遇了同样的命运。在《犹太战记》①这本书中,我已经详细地讲解了这些事情,现在重提这些事,是想向读者证明,向罗马人开战不是犹太人自愿的选择,他们只是迫不得已。

## 约瑟夫肩负使命,前往加利利

**7.** (28)当塞斯提斯被打败后——这件事前面已经说过——耶路撒冷的首领才发觉暴民和革命者都有精良的武器;他们开始焦虑起来,因为他们自己没有武器,恐怕会落到暴民和革命者的手中,任由他们处置(后来的确如此)。然后他们发现加利利还没有完全背叛罗马,有一部分地方仍然处于和平状态。(29)于是他们差遣我和其他两位祭司先生,约亚撒(Joazar)和犹大(Judas),去劝说那里的群众放下武器,告诉他们最好让国家的精英来做这些事情。最后大家同意把武器交给国家的精英,由他们保管,以备将来随时的需要,但是首先他们会耐心等候,看看罗马

---

① 这里约瑟夫特指《犹太战记》2.457—498 和 2.559—561,其中多处记录了反对犹太人的暴力事件。在一些事件中,是因为其他民族首先以暴力对待犹太人,犹太人继而报复他们,然后又引起其他民族对犹太人的暴行(2.458)。从广义上来看,20—27 节的描述属于《自传》的开卷部分,这个开卷部分和《犹太战记》的内容有重复的地方;20—27 节也是一段介绍性的描述,相当于一个非常粗略的纲要,但是和《犹太战记》2.408—555 的语气和意思略有不同。——中译者注

人会做些什么。

# 加利利的情况

### 塞弗里斯人支持罗马

**8.**（30）于是我带着这些指示，来到加利利。我发现塞弗里斯人（Sepphorites）正为保护自己的领土而苦苦斗争。加利利人想要洗劫塞弗里斯，因为塞弗里斯人和罗马保持友谊，他们向叙利亚的总督塞斯提斯·加鲁斯（Cestius Gallus）进贡，并且确实效忠于他。（31）于是我劝说群氓放下武器，并为他们着想，允许他们自由地和在多拉（Dora）被塞斯提斯掳作人质的亲属联系，多拉是腓尼基（Phoenicia）的一个城市。这样，我成功地解除了所有人的恐惧。

然而我发现，那些住在提比哩亚（Tiberias）的犹太人已经开始拿起武器，原因是这样的：

### 提比哩亚人分成三个派系

**9.**（32）提比哩亚城有三个派系：其中一批是有教养的人，他们的首领叫尤利乌斯·卡佩卢斯（Julius Capellus）。（33）尤利乌斯手下的人包括米阿卢斯（Miarus）的儿子希律（Herod），加马卢斯（Gamalus）的儿子希律和科普西斯（Compsus）的儿子科普西斯：〔科普西斯的兄弟克利斯普斯（Crispus）以前是希律大帝①的高级官员，那时他刚好在约旦河外自己的庄园里〕。（34）当时所有这些人都劝〔百姓〕要站稳立场，效忠于罗

---

① 希律亚基帕一世（King Agrippa the father）。

马人和皇帝①。

　　但是皮斯图斯(Pistus)受到儿子尤斯图斯(Justus)的影响,不同意尤利乌斯他们的观点;此外,皮斯图斯本人也有一些狂热的倾向。(35)这就是第二个派系,是由平民百姓组成的,他们定意要向罗马人开战。

　　(36)皮斯图斯的儿子尤斯图斯是第三个集团的首脑人物;虽然他一直假装对战争抱有怀疑的态度,但实际上他渴望革命行动,希望从动乱中为自己谋取权力。(37)因此他进入[城市]中心地区,教导群氓说,从分封王希律(Herod the Tetrarch)的时代起,提比哩亚城就一直是加利利的首都。提比哩亚这座城市是分封王希律建造的,他想让塞弗里斯城归顺提比哩亚城。即使在亚基帕一世统治时期,直到腓力斯管理犹大的时候,提比哩亚人都没有放弃这座城市的重要地位。(38)尤斯图斯说:"你们只不过恰好是被尼禄当作礼物,送给了亚基帕二世! 塞弗里斯因为效忠罗马,就立刻成为加利利的首都,王室的金库和档案库也被拆除,挪到他们那里去了。"

　　(39)除了这些话,为了挑唆群众起来叛变,尤斯图斯还说了许多针对亚基帕王的坏话。他又说:"加利利人乐意带头发起战争,因为他们憎恨塞弗里斯人向罗马人效忠。你们欢迎加利利人,和他们成为盟友,现在是时候拿起你们的武器,扩大革命力量,向塞弗里斯人施行报复了。"

　　(40)尤斯图斯用这些话语说服了群氓。尤斯图斯擅长操纵群众的情绪,并且为人奸诈,会用诡诈狡猾的言语压倒那些更有道理的辩论者。事实上,尤斯图斯接受过良好的希腊教育,但是他利用希腊教育的基础,

---

① 亚基帕二世。

厚颜无耻地记录了这些事情的历史——以为可以用自己的花言巧语扭曲事实的真相。(41)随着故事的进展①，我们会讲述尤斯图斯是怎样一个卑鄙的小人，他和他的兄弟令犹太人几乎完全灭亡。(42)当时，尤斯图斯不仅说服提比哩亚人拿起武器，还强迫很多不愿意叛乱的人起来战斗。尤斯图斯和所有这些人一起出来，在加大拉人（Gadarenes）和西佩尼斯人（Hippenes）的村庄放火，这两个地方恰好位于提比哩亚和史托普里人居住地区的交界处。

**吉斯卡拉**

**10.** (43)因此提比哩亚就处于这样危险的境地。

在吉斯卡拉（Gischala），局势又不一样。李维斯（Levis）的儿子约阿内斯（Joannes）看见一些市民狂妄自大，想要背叛罗马人，就不断尝试阻止他们，恳求他们继续效忠罗马。(44)尽管约阿内斯十分坚定，但却无能为力，因为周围的加大拉人、阿加尼安人（Aganeans）和推罗人（Tyrians）聚集了强大的军事力量，对付吉斯卡拉人，像暴风雨一样攻占了吉斯卡拉。他们放火烧毁吉斯卡拉，彻底破坏了这座城市，然后撤回自己的家乡。(45)看见自己的城市被毁，约阿内斯十分愤怒。他让所有跟随他的人拿起武器。约阿内斯带领他们抵抗那些入侵者，并且重新建造了一座更坚固的吉斯卡拉城，为了将来的安全保障，约阿内斯加固了吉斯卡拉的城墙。

**加马拉和亚西姆斯的儿子腓力**

**11.** (46)加马拉（Gamala）态度坚定不移，继续效忠罗马人，原因是

① 参 88,279,336—367,390—393 和 410 节。

这样的：

　　亚基帕王的高级官员、亚西姆斯（Iacimus）的儿子腓力（Philip）意外地从耶路撒冷被包围的王宫中获救。腓力逃离王宫，又陷入另一险境：他很可能会被马内姆和他身边的暴民杀死①。(47)幸好腓力有一些住在耶路撒冷的巴比伦人（Babylonian）亲戚，他们阻止了暴民加害腓力。腓力又住了四天，第五天腓力逃离了耶路撒冷。为了不引起别人的注意，他还化了装。腓力逃到靠近加马拉城堡的山区里一个属于自己的村庄，然后派人通知他手下的人，吩咐他们去见他②。

　　(48)虽然腓力这样盘算，但是神阻止了这些计划，这都是为了腓力的好处：如果不是这样，腓力必死无疑。腓力突然发烧，于是写信给自己的儿女③亚基帕（二世）和百尼基（Berenice），把信交给手下的一个自由民带给瓦鲁斯（Varus）④。

**瓦鲁斯，亚基帕任命的总督**

　　(49)当时瓦鲁斯接受王室的委任，正在管理［犹大］国；王室成员去了贝里特（Berytus）⑤，因为他们想见塞斯提斯。(50)瓦鲁斯收到腓力的信，这才察觉腓力已经逃走了。瓦鲁斯变得情绪低落，他认为一旦腓力回来，王室成员会认为瓦鲁斯在这段时间是多余的。于是瓦鲁斯把捎信的人交给群氓，控告他伪造文件，更声称这个人说腓力在耶路撒冷和犹

---

① 参《犹太战记》2.433 及后面的内容；2.556 及后面的内容。

② 抄本显示此处有缺漏。

③ 这里按字面翻译成"儿女"，就是腓力从前的君主亚基帕一世的儿女。

④ 在《犹太战记》2.481 及后面的内容中称为诺亚鲁斯（Noarus）。

⑤ 即贝鲁特（Beirut）。

太人一起对抗罗马人，他是在撒谎。于是瓦鲁斯把信使杀了。(51)腓力见手下的自由民没有回来，就感到奇怪，不知是什么原因；他差遣第二个人捎信给瓦鲁斯，并且打探第一个捎信的人究竟出了什么事，耽搁了这么长的时间。(52)然而当第二个信使到达时，瓦鲁斯再次用虚假的罪名控告他，把他干掉了。

事实上，瓦鲁斯受到凯撒利亚(Caesarea)的叙利亚人的鼓动，正在盘算一些大事：叙利亚人说，由于犹太人的罪行，罗马人会杀死亚基帕，让瓦鲁斯接替王位，因为瓦鲁斯是君王的后代。瓦鲁斯的确是王室的后代，他是索阿莫斯(Soaemus)的后人，而索阿莫斯曾是黎巴嫩(Libanus)的分封王。(53)瓦鲁斯是受到了哄骗，但是由于这个原因，他私自扣留了信件，设法不让王追查那些文件。瓦鲁斯派人把守所有出口，不让任何人逃脱，向王汇报发生的事情。此外，为了帮助凯撒利亚的叙利亚人，他还杀了很多犹太人。

## 瓦鲁斯屠杀巴比伦犹太人

(54)瓦鲁斯还计划要拿起武器，和那些在巴丹尼亚(Batanea)的特拉可尼人(Trachonitis)一起攻击厄克巴塔纳(Ecbatana)①的"巴比伦犹太人"——这是人们对他们的称呼。(55)因此瓦鲁斯召集了凯撒利亚十

---

① 加利利海东面高地，也就是巴丹尼亚(Batanaea)或巴珊(Bashan)和特拉可(Trachon)或特拉可尼(Trachonitis)的火山地区（希腊文的意思是"高低不平的地面"）。这个地区位于从巴比伦到耶路撒冷的路上，很容易受到 （转下页）

二位最受尊敬的犹太人,命令他们去厄克巴塔纳,向那里的居民说:"瓦鲁斯听说你们准备攻击王,但是他不相信这个谣言,所以派我们来劝说你们放下武器。你们这样做,就是向瓦鲁斯证明,他不相信那些议论你们的人是正确的。"

(56)瓦鲁斯还命令厄克巴塔纳的首领,要他们派七十个人去为别人指控他们的事情辩护。于是,十二个长老来到他们在厄克巴塔纳的同胞那里。当他们到达时,他们发现厄克巴塔纳的犹太人并不准备革命,就劝他们派七十个人去辩护。(57)厄克巴塔纳人没有怀疑事情的进展,就派出了七十个人。他们和十二个使者一起去到凯撒利亚。那时,瓦鲁斯率领王室的军队出来见他们,把这七十个人连同十二个使者一起杀了。就这样,瓦鲁斯开始向厄克巴塔纳的犹太人发动进攻。(58)但是,七十个人中有一个逃脱了,并且赶在瓦鲁斯前面,把消息报告给厄克巴塔纳的居民。于是他们拿起武器,带着妻子和儿女一起退到加马拉城堡,留下很多村庄,村庄里储藏了很多货物,还有数以万计的牲畜。

(59)当腓力发现这些事情时,他也来到加马拉城堡。腓力一到,民众都呼喊起来,请求腓力成为他们的领袖,与瓦鲁斯和凯撒利亚的叙利亚人交战;因为他们都相信,王已经被瓦鲁斯和凯撒利亚的叙利亚人杀死。(60)然而,腓力尝试去阻止他们的冲动。他回顾了王对他们的一些

---

(接上页)阿拉伯人的攻击。为了保护这个地区,大希律王迁移了一部分巴比伦犹太人到南叙利亚定居,并委任扎马利斯(Zamaris)做他们的领袖,扎马利斯是文中腓力的祖父;参《犹太古史》17.23及后面的内容。厄克巴塔纳不是玛代的城市,而是修建在这个地区的一个城堡。《犹太战记》2.481及后面的内容提供了另外一个版本的陈述。

善行，又详细描述了罗马人强大的力量，并说明与罗马人交战不会有好处——最后，腓力终于说服了他们。

**瓦鲁斯的继任者**

（61）这时，王发现瓦鲁斯在一天之内几乎除掉了凯撒利亚所有的犹太人，连同他们的妻子和儿女，多达数万人。王召见了瓦鲁斯，并且派埃求斯·摩狄斯（Aequus Modius）做他的继承人，这件事我们在其他地方已经讲过了①。

于是腓力让加马拉城堡和周围的乡村坚定地效忠罗马人。

# 约瑟夫和提比哩亚群氓领袖的会议，以及后来发生的动乱

**12.** （62）我来到加利利，从报告的人口中知道这些事情。我就写信给耶路撒冷人的公会，问他们要我做些什么。他们要求我继续留在加利利，让与我同行的两位使者也留下——如果他们愿意的话；并且在财物上供应加利利。（63）那些加利利人身为祭司，收取十一奉献是他们应得的。然而，当与我同行的使者意识到加利利人通过收取奉献积累了大量财富时，他们决定返回家乡。但是我恳求他们留下，直到我们把事情都安顿好。他们被我说服了。

（64）于是我和他们从塞弗里斯人的城市出发，来到一个称为伯利莫斯（Bethmaus）的村庄，距离提比哩亚约0.8公里。从那里，我通知提比

---

① 参《犹太战记》2.483，其中也提到瓦鲁斯被罢免的事情，但没有提到继任者的名字。有关新总督上任后发生的事情，见179节及后面的内容。

哩亚人的公会,请求群众的首领到我那里去。(65)他们到我那里后——尤斯图斯也和他们一起来了——我开始告诉他们,耶路撒冷人的同盟(to koinon①)派我和其他两位使者,就是约亚撒和犹大,来见他们;劝说他们应当拆毁分封王希律的家宅,因为希律的家宅有动物的形象(律法禁止这样的建筑②)。我呼吁他们尽快解决这件事情。(66)尽管在很长时间里,以卡佩拉(Capella)③为首的那群人和提比哩亚人的首领都不想屈服,但是在我们的压力之下,他们终于同意了。

但是萨非亚斯(Sapphias)的儿子耶数斯(Jesus)比我们抢先行动。先前④我们确定这个耶数斯是一小撮叛乱水手和忘恩负义之徒的头目。耶数斯带着一些加利利人,放火烧了希律的整座王宫,想趁火打劫。因为耶数斯留意到,王宫中一些建筑的屋顶是用黄金打造的。(67)他们的行动违背了我们的意图,掠夺了大量的财物。我们在与卡佩拉和提比哩亚的首领谈话后,就从伯利莫斯退到上加利利。此外,耶数斯一伙人还把所有居住在那里的希腊人和战前反对他们的人都杀死了。

**13.** (68)当我发现这些事情时,我非常生气。我去到提比哩亚,试图保护王室的家当——尽可能从掠夺者手中抢救这些物品。有哥林多的烛台,有属于王室的桌子,还有一大堆尚未铸成钱币的银子。所有这

---

① 意思是"公共的或共享的";这个词被用来特指耶路撒冷在叛乱期间的领导集团。——中译者注

② 《出埃及记》20:4。

③ 或卡佩卢斯,前面32节提到过这个人。

④ 之前没有提到过此人的名字;约瑟夫的意思显然是指35节提到的"第二个派系,是由平民百姓组成的"。

些物品，无论我拿了什么，我都决定要完璧归赵，为王保留下来。（69）于是我请来[提比哩亚]公会的十个首领，还有安蒂卢斯（Antyllus）的儿子卡佩拉，把这些家当移交给他们，吩咐他们除了我以外，不要交给其他任何人。

## 吉斯卡拉的约阿内斯利用诡计

（70）离开提比哩亚，我和同行的两个使者前往吉斯卡拉去见约阿内斯，因为我想知道他现在的想法。我发现约阿内斯突然倾向于革命运动，而且十分渴望掌握统治权。（71）约阿内斯要求我授权给他，允许他占有储存在上加利利村庄属于凯撒的粮食——他说他要修补吉斯卡拉的城墙，需要这些粮食。（72）但是，我明白他的计谋和他想做的事，所以我没有答应他的要求；我打算把这些粮食留给罗马人或留给我自己使用。因为事实上，耶路撒冷的同盟授权我管理那里的活动。（73）约阿内斯见无法说服我同意他的要求，便转向和我一起的使者。事实上，这两个使者不太在意事情的后果，而且很乐意[接受]礼物。因此，约阿内斯就用礼物贿赂他们，要他们表态决定，将约阿内斯权限内的所有粮食都移交给他。我孤军作战，他们有两票，我只有一票，所以只能保持沉默。

（74）除了这件事，约阿内斯还做了一件坏事①。他声称住在腓力境内凯撒利亚的犹太人派人到他那里。这些犹太人被摩狄斯在王的命令

---

① 有关 74 节前后的事情，参《犹太战记》2.591 前后的内容（陈述的细节有很大的不同）。

下监禁起来，摩狄斯当时掌管王室的权力。凯撒利亚的犹太人没有纯净的橄榄油可以使用，就派人去见约阿内斯，请求他帮助解决他们的困难，好叫他们可以不用希腊人的油①，以免违反律法的标准。(75)然而约阿内斯说这些话不是出于敬虔，而是出于最无耻、最令人厌恶的贪婪。因为在凯撒利亚［腓立比］，两罐②油可以卖一德拉克马③，而在吉斯卡拉，八十罐油才卖四德拉克马。约阿内斯知道这些商情，就运了许多橄榄油到凯撒利亚那边去！从表面上看，他是通过我的授权去做这件事。(76)但我是不情愿的，只是因为害怕群氓——如果我拒绝约阿内斯的请求，我会被他们用石头打死。因此在我的授权下，约阿内斯从这笔肮脏的交易中获得了大量的财富。

## 约瑟夫设法平息加利利的动乱

**14.** (77)我让同行的两个使者先回耶路撒冷，然后我开始预备武器，并开始建造坚固的城市。我接见了最残暴的强盗，明白要解除他们的武装是不可能的事，于是我开始游说群氓给这帮强盗一些补偿。我对他们说，最好是主动给强盗一些财物，这比眼睁睁看着自己的财产被他

---

① 根据《塔木德》的说法，犹太人不可以使用外邦人的油，可能是因为外邦人的油被不洁净的容器玷污过。参《犹太古史》12.120。

② 塞克塔利(*Sextarii*)，罗马帝国时期的容积度量，一塞克塔利大约等于 0.5416 升。——中译者注

③ 希腊货币单位，一德拉克马(drachma)大概等同于一个罗马银币(*denarius*)，那就是一天的工价。——中译者注

们掠夺要好。(78)我叫那帮强盗发誓不再回到吉斯卡拉这个地区——除非是有人召集他们，或者他们没有收到礼金。然后我释放了他们，命令他们不要和罗马人开战，也不要攻击附近的城镇，因为我最关心的还是加利利的和平。

## 七十人的顾问团

(79)有七十个加利利人，我想留住他们，让他们效忠于我。但我还是以友谊为托辞，称他们是我的朋友，甚至称他们是我的旅伴。我曾经带着他们一起审理各种案件，也曾经根据他们的意见作判决，因为我定意不要因为匆忙而损害公义，也定意在审判案件的时候不贪图任何物质利益。

## 关于自己正直无伪的声明

**15.** (80)当时我大约有三十岁了。在这种年纪，即使一个人可以放下不正当的渴望，然而像我这样拥有巨大权力的人，的确很难逃避他人出于妒忌的指控。但是我没有调戏过任何妇女，也藐视一切礼物，认为这些都是不必要的。我甚至不接受十一奉献，虽然身为祭司，我有权从别人手中接受十一奉献。(81)尽管如此，我在打败居住在周围城市的叙利亚人时，确实拿了一部分战利品，我承认把这些战利品送给了我在耶路撒冷的亲戚。(82)我曾经两次俘获塞弗里斯人，四次俘获提比哩亚人,一次俘获加巴拉人。此外,虽然约阿内斯几次三番设计陷害我,让我有理由按自己的意思处置他,但我没有惩罚他,也没有惩罚前面提到的任何群体。看了下面的叙述,你们就知道我这样做是正确的。(83)我想,正是因为这个原因,神拯救我脱离他们的手——因为履行了自己职责的人,神不会忽略他们——并且,当这些事发生在我身上后,神带领我平安度过其他很多危险,稍后我会报告这些危险。

## 约瑟夫受到欢迎,越发激起约阿内斯的妒忌

**16.** (84)加利利的群氓对我尤其友善,也特别忠诚。即使他们的城市在迅雷不及掩耳之间被攻占,他们的妇女和孩子被卖作奴隶时,他们也没有专注于自己的不幸,而是惦记着我的安全。

(85)约阿内斯看见我的所作所为,就妒忌我。于是他写信给我,请求我准许他去提比哩亚,使用那里的温泉进行理疗①。(86)我没有怀疑约阿内斯会做什么坏事,就没有阻止他。事实上,我还个别写信给我委托管理提比哩亚的人,让他们为约阿内斯和与他一起的人预备住所,并全心全意供应他们需要的一切物品。当时我住在加利利一个名叫迦拿(Cana)的村庄。

## 约阿内斯在提比哩亚煽动叛乱

**17.** (87)然而,当约阿内斯到达提比哩亚城后,他竟然开始游说那

---

① 有关这件事和后面发生的事,参《犹太战记》2.614及后面的内容。

里的人民不要效忠于我,而是加入他的队伍!那里有很多人其实一直都渴望革命活动,天生倾向制造混乱,喜欢煽动叛变,他们高兴地接受了约阿内斯的邀请。(88)特别是尤斯图斯和他的父亲皮斯图斯,他们立刻停止效忠于我,转去和约阿内斯结盟。

(89)幸好我已预料到这样的事,及时阻止了他们。因为有一位信使受西拉(Silas)的委托到我这里。这位西拉我前面提到过①,他是我派到提比哩亚的将军。信使向我汇报了提比哩亚人的情绪,并请求我速速赶到提比哩亚,因为这座城市快要落入别人的手里。

## 约瑟夫返回提比哩亚

(90)我看过西拉的信件,连忙召集两百个人,连夜上路,赶往提比哩亚。我派一位信使走在我们前面,先去给提比哩亚人报信,说我快要来了。(91)第二天清晨,当我快到提比哩亚时,群氓从城里出来迎接我,约阿内斯也和他们在一起。约阿内斯用非常古怪的方式和我打招呼,可能他有些焦虑,因为一旦他的行为受到审讯,他可能会有被杀的危险。于是他很快退入自己的居所②。

(92)我来到露天体育场,解散了身边的保镖,只留下其中一个,并留下十个带武器的士兵。提比哩亚的群氓要求我发表公开演说。于是我

---

① 这部作品前面没有提到;但可参见《犹太战记》2.616。
② 在《犹太战记》的记录中,约阿内斯假装生病,派了一位代表去见约瑟夫。

站在一堵高墙上①,呼吁他们不要这么快变节,(93)因为暴动会给他们带来恶名,而且将来受托在上管理他们的人,也可以合理地怀疑他们不会效忠于他。

## 为了保住性命,约瑟夫逃往塔里切亚

**18.** (94)还没等我把话说完,就听见我的一个随从叫我从墙上下来:此时的我已经顾不得考虑提比哩亚人是否对我友善,而是一心考虑自己的安全,还有怎样避开我的敌人。(95)因为约阿内斯从跟随他的数千名带武器的士兵中,挑选出他最信任的人。当约阿内斯发现我只有少数随从,没有其他士兵跟随时,就命令他手下的士兵来对付我。(96)那些人来了,如果我和保镖雅各(Jacob)没有迅速从墙上下来,并且得到一个名叫希律的提比哩亚人的帮助,那伙人可能就完成除掉我的任务了。希律带我们到湖边,我登上一只船启航。这样,我出乎意料地从敌人那里逃脱,去往塔里切亚(Tarichea)。

## 加利利人到约瑟夫那里聚集

**19.** (97)当塔里切亚的居民听说提比哩亚人的背叛时,他们极其愤怒。他们拿起武器,想要我领导他们攻打提比哩亚人。因为他们说,他

---

① 《犹太战记》记载:"在一个六肘高的小土坡上"。

们想为我——他们的将军——施行公义。(98)塔里切亚的居民还向整个加利利地区的犹太人报告了发生的事情，[心里]想鼓动所有的加利利人起来，速速攻打提比哩亚人。他们呼吁大家联合起来，加入他们，好得到将军的同意，去做他们觉得正确的事情①。(99)于是很多加利利人从四面八方带着武器来到塔里切亚。他们不断要求我攻打提比哩亚，以迅雷不及掩耳之速将它歼灭，将它完全摧毁，把那里的居民，连同妇女和孩子都卖为奴隶。即使我那些从提比哩亚被救出来的朋友，也提出这样的建议。(100)但是我不同意，因为我认为发动内战是可怕的事。我认为这场争端只应该用言语解决。事实上，我告诉他们，如果发动战争，结果只会适得其反：罗马人很乐意看见犹太人因为自相残杀而毁灭！说了这些话，我终于平息了加利利人的怒气。

## 约阿内斯的辩护

**20.** (101)现在轮到约阿内斯为自己担心了，因为他的计谋落空了，于是他带领身边带武器的士兵，从提比哩亚回到吉斯卡拉。他写信给我，提到之前发生的事，并为自己辩护，好像那些事未经他的同意，是他手下的人擅自而行的。他哀求我不要怀疑他，并许下承诺，还说了一些可怕的誓言，以为这样便可以赢得我的信任。

**21.** (102)现在加利利人和其他很多来自加利利地区的人都带着武器。他们看到约阿内斯是个恶棍，而且不守诺言，就要求我带领他们去

---

① 或译为"达到他们一心想要的目的"。

对付他,并提出要彻底消灭约阿内斯和吉斯卡拉城。(103)我承认感激他们的热心,并提出加倍回报他们的好意,但我请他们克制自己①,坚持要他们与我合作,因为我决定用不流血的方式来制止约阿内斯的叛乱。

说服了加利利的群氓,我又去到塞弗里斯。

## 塞弗里斯人的阴谋半途破产

**22.** (104)住在这个城市的居民已经下定决心,要坚定地效忠罗马人②,因此他们对我的到来感到焦虑。他们试图保持镇静,并用另外的事情来使我分心。(105)事实上,他们已经传话给在托勒密(Ptolemais)边界的强盗首领耶数斯,承诺给他很多货物,只要他肯带领手下八百名兵丁来对付我。(106)耶数斯接受了塞弗里斯人的提议,想在我们③既没有防备,也没有事先得到警告的情况下攻击我们。于是耶数斯传话给我,要求前来见我和欢迎我。由于我不知道耶数斯的计谋,就同意了他的请求。于是耶数斯召集他手下的强盗,赶来对付我。

(107)不过,这个卑鄙的计划没有瞒过我,我识破了耶数斯的计谋。因为当耶数斯快到塞弗里斯的时候,他手下的一个人背弃了他,来到我这里,把他的计谋告诉了我。听到这些事情,我就动身去集市,假装不知道耶数斯的计谋。我带了许多拿武器的加利利人,甚至包括一些提比哩

---

① 或译为"停止他们的想法"。

② 参 30 节的记述。

③ 约瑟夫习惯在第一人称单数或复数的代词形式之间转换。

亚人。(108)接着我命令士兵尽一切努力,严密把守所有道路,并吩咐看守城门的卫兵,无论耶数斯在什么时候出现,都只能容许他及其随从中的首领进入,其余人等一概挡在外面。任何人如果试图强行进入,都要将他们击退。(109)士兵执行我的命令,结果耶数斯只能带几个人进城。我命令他立即放下武器——如果他不服从,便会被杀死。当耶数斯看见拿着武器的士兵从四面八方包围他时,他感到很害怕,便放下武器投降了。他那些被挡在外面的随从得知他被捕的消息后,也都逃走了。(110)于是我将耶数斯叫到一旁,私下告诉他,我完全知道他对我的阴谋,也知道那些指使他做这事的人。但是,如果他愿意改变想法,效忠于我,我愿意原谅他。(111)耶数斯答应悉数照做,于是我就释放了他,容许他重新召集从前跟随他的人。接着,我又警告塞弗里斯人,如果他们不停止那些愚蠢的行为,我便会施行公义。

## 犹太人强迫难民行割礼,约瑟夫阻止他们

23.(112)大约在这个时候,两个来自特拉可尼(Trachonitis)地区的尊贵人士前来找我。特拉可尼是受王①管理的地区。这两个尊贵人士带来了他们的马匹和武器,还带来一些金钱。(113)犹太人不断向这两个人施压,表示如果他们要在犹太人中间生活,便要接受割礼。但是我不允许他们受压迫,我告诉大家说:"每个人都要敬畏神,遵守自己选择的道路,不能强迫别人改变。这两个人逃到我们这里,希望得到庇护,他

---

① 亚基帕二世。

们不会有其他想法。"群氓被说服了。于是我慷慨地帮助这两个前来投奔的尊贵人士，为他们提供过自己熟悉的生活所需的一切。

## 约瑟夫第一次面对罗马军队

**24.** （114）这时，亚基帕王派一支军队，由摩狄斯带领，前去攻占加马拉城堡。尽管派去的军队人数不足以包围城堡，但是他们在平原地带建立哨岗，这样就能围困加马拉。

（115）十夫长埃布提斯（Aebutius）受命保护大平原①。他听说我现在住在西蒙尼斯（Simonias②，位于加利利边境的一个村庄），离他大约十二公里。于是在晚间，埃布提斯召集手下的一百骑兵，加上两百步兵，又召集迦巴城（Gaba）③的居民作为盟军，带领他们来到我居住的村庄。（116）正好我也预备了强大的军队，准备开战。埃布提斯试图引我们下到平原，因为他有骑兵帮助，力量非常强大。不过我们没有中计。我知道如果我们下到平原，埃布提斯在骑兵的帮助下会占上风，而我们只有步兵，但我知道如何应付他们的战士。（117）有一段时间，埃布提斯和他的战士英勇奋战，但当他看见他的骑兵不适合西蒙尼斯的地形时，他便撤退了，但也只能退到迦巴城。埃布提斯在这场战斗中失去了三个人。

---

① 艾斯德仑大平原。

② *Semunieh*，位于拿撒勒的西边。

③ 位于艾斯德仑大平原上；由大希律王修建，称为"骑兵之城"，因为有遣散的军队在那里驻扎。参《犹太战记》3.36；《犹太古史》15.294。

（118）我带着两千个拿着武器的士兵，徒步追击埃布提斯。我们来到靠近比沙拉城（Besara）的地方。比沙拉是埃布提斯居住的地方，位于托勒密的边境，距离迦巴大约四公里。我让带着武器的士兵驻扎在村庄外，命令他们严密把守道路，以防敌人在我们装谷物的时候来骚扰我们——（119）因为百尼基女王从周围村庄收集了很多谷物，储藏在比沙拉。我取得了大量谷物，用骆驼和驴运到加利利。（120）做完这些事，我向埃布提斯宣战。埃布提斯看见我们准备充分，而且十分勇敢，就胆怯不敢应战。于是我转去对付尼波利提勒斯（Neopolitanus），因为我听说他抢劫了提比哩亚地区。

（121）尼波利提勒斯是一个联队的长官，他负责保护史托普里免受敌人攻击。阻止了这个人进一步破坏提比哩亚人的土地后，我便开始供应加利利。

## 约阿内斯试图说服加利利人疏远约瑟夫

**25.** （122）我曾经提到①，李维斯的儿子约阿内斯住在吉斯卡拉。他发现一切都在按照我的意图进行，我善待拥护我的人，对敌人却毫不留情。这样，约阿内斯的意见没有得到大家的赞同。约阿内斯认为我的成功就意味着他的失败，于是他妒火中烧。（123）他希望煽动我的拥护者讨厌我，以为这样可以阻挡我的好运气，于是他试图说服提比哩亚的居民、塞弗里斯的居民，还有加巴拉的居民，不再效忠于我，而是和他联盟。

①　参 101 节。

提比哩亚、塞弗里斯和加巴拉都是加利利最大的城市。约阿内斯宣称他会是比我更好的将军。(124)但是塞弗里斯人没有同意约阿内斯的建议,因为他们已经选择罗马人作主人,所以不会投靠我们当中的任何一个。提比哩亚人虽然不接受变节,但同意成为约阿内斯的朋友,而加巴拉的居民愿意与约阿内斯结盟。加巴拉的领袖西门(Simon)向居民呼吁,显然他把约阿内斯当作朋友和同伴。(125)当然,加巴拉人没有公开支持叛变,因为他们十分害怕加利利人,他们多次亲眼目睹〔加利利人〕对我们的好意。于是加巴拉人暗暗寻找时机,不断策谋,我也因此陷入到极大的危险中。

## 大比拉人拦路抢劫的事情和被抢走的财产

**26.** (126)有一些来自大比拉(Dabarittan)①的年轻人,行事比较鲁莽。他们仔细观察王的行政官②托勒密(Ptolemy)的妻子,她要从王室管理的地方进入罗马人占领的土地③,途中穿越艾斯德仑大平原。为了安全的缘故,她带了许多装备,还有一些骑兵护卫她。(127)这些大比拉的年轻人突袭了托勒密妻子的队伍,他们迫使托勒密的妻子逃走,

---

① 大比拉(Daberath,书19:12)位于他泊山(Mt. Tabor)西坡的山脚下。有关故事详情,参《犹太战记》2.595及后面内容中相应的记录。

② 或"财政官"。原文中的希腊词在其他地方是指罗马的检察官(Procurator)。

③ 亚基帕的王国是加利利海东面和东北面的地区。这位女士应当是在去凯撒利亚的路上。她需要首先穿越低加波利(Decapolis)独立地区,并在抵达艾斯德仑大平原之前,进入罗马人省区。

但却抢走了她所有的行李物品，来到塔里切亚，带着四匹满载衣服和器具的骡子来到我这里。此外他们还带来很多银子和五百块金币。

（128）由于托勒密是我的同胞，我想为托勒密保存这些东西，再说我们的律法禁止抢劫敌人①。于是我对那些年轻人说，我要保留这些东西，好将它们变卖，可以用来修复耶路撒冷的城墙。（129）但那些年轻人不愿接受我的建议，因为他们不能如愿以偿，分到一部分战利品。于是他们走遍提比哩亚周围的村庄，说我准备将那些地方出卖给罗马人。（130）我声称保留他们抢来的东西，是为了修补耶路撒冷的城墙，这是一个聪明的计谋，是我用来搪塞他们的借口；事实上我打算把这些抢来的东西归还给"原主"。（131）在这点上，那些年轻人没有误解我的意图。等到他们获释后，我立刻派了两个首领，达逊（Dassion）和李维斯的儿子詹尼斯（Jannaeus）——他们是和王在职位上最接近的密友——将那些抢来的物品带给王。我威胁他们不许将这件事告诉别人，否则便杀死他们。

## 加利利人怀疑约瑟夫是叛徒；
## 在塔里切亚他们密谋杀害约瑟夫

**27.**（132）当谣言传遍整个加利利地区，说我要把加利利出卖给罗马人时，每个人都激动起来，要惩罚我。塔里切亚的居民认定那些年轻人所说的是事实，他们劝说我的保镖和我手下带武器的士兵在我睡觉时

---

① 参《出埃及记》23：4。

离开我,并速速赶去赛马场,在那里,他们会和群众一起仔细讨论有关我这位将军的事情。(133)那时已经有一大群人聚集在赛马场,他们说服我的保镖和士兵加入他们的队伍。他们喊着共同的口号:教训那个出卖加利利人的无耻叛徒。(134)萨非亚斯的儿子耶数斯当时担任提比哩亚的公会主席,他是一个邪恶的人,天生喜欢破坏大事,又喜欢挑起叛乱①,是个狂热的革命分子,与众不同,特别会煽动群众,事实上,当时他手拿摩西的律法走到[市]中心,向众人宣告说:(135)"各位市民,如果你们不愿为自己考虑而憎恨约瑟夫,那么看看祖先的律法吧! 你们杰出的将军打算成为律法的叛徒。为了律法,你们要憎恨邪恶,惩罚这个傲慢无礼的人!"

**28.**(136)耶数斯说了这些话之后,群氓都向他鼓掌。他召集了一些带武器的士兵,赶到我的居所,准备把我干掉。我事先没有发现任何不妥,在骚乱发生之前我已经入睡了,因为我太累了。(137)西门受托保护我的人身安全,他也是唯一留下来和我在一起的人。西门看见市民冲进来,就把我叫醒,告诉我危险迫在眉睫。西门认为我身为将军,应当选择高贵地自尽,不要等到敌人来逼我,或把我杀死。(138)虽然西门这样说,但我已将自己的事交托给神,于是决定先出去面对群氓。我穿上黑色的衣服,把剑挂在颈上,从另一条路来到赛马场,我相信在那条路上不会遇见敌人。我突然出现在赛马场,脸伏于地,眼泪沾湿了干地。这时,每个人都开始同情我。(139)我感到群氓的态度开始改变,于是尝试在带武器的士兵从我的住所返回赛马场之前,使众人在意见上有更大的分

---

① 《犹太古史》17.325 用了类似的短语。

歧。我承认自己做了不公义的事——正如他们想象的一样——但我首先恳求他们听我解释，为什么我要保留那些年轻人抢来的物品。然后，如果他们要我死，我会自我了断。（140）然而，就在群氓要我说话时，带武器的士兵回来了。他们看见我，就冲过来要杀我。但群氓要他们住手，他们照做了。他们希望我向他们承认我把那些物品留给王，并打算在我承认背叛后，就把我处死。

## 约瑟夫恳求群众，侥幸脱离危险

**29.**（141）等到众人都安静下来后，我说：

"各位同胞！我不求你们不杀我，如果杀我是公义的话。但同时我想在结束自己生命之前，把事情的真相告诉你们。（142）因为我十分明白，塔里切亚这座城市对外地人那么友好，非常愿意接待那些离开自己的故乡，和我们一起分担命运的外地人。我想变卖这些东西来建造城墙，既然大家很不喜欢这些东西，我想将它们用在建筑上面。"

（143）听了这番话，塔里切亚人和他们中间的外地人便开始嚷嚷。那些外地人承认自己心怀感恩，并欢呼起来。而加利利人和提比哩亚人仍然感到愤怒，因此人群产生了分裂；有些人发誓要教训我，有些人则不以为然……①。（144）接着我宣布，我也要为提比哩亚和其他有需要的城市修建城墙，他们便都信任我，每个人回到自己家里。我也带着我的朋友和二十个拿武器的士兵回到家里。就这样，我在毫无指望的情况

---

① 抄本此处可能有缺漏。

下，脱离了上述这场危险。

## 第二次密谋，要烧毁约瑟夫的房屋

**30.** （145）但是现在那些匪徒和挑起叛乱的人又开始为自己担心，恐怕他们因为所做的事，受到我公义的惩罚。于是他们召集了六百个拿武器的士兵，来到我的住所，纵火烧我的房子。（146）我得到报告，知道攻击即将到来，但我认为逃走是不光彩的行为。相反，我决定铤而走险，采取勇敢的行动。于是我命令手下将房子的门都锁上，我自己走到楼上，邀请匪徒中那些愿意接受礼物①的人进到屋子里来。我同意用这种方法平息他们的怒火。（147）但是他们却派最无耻鲁莽的人进来，我就用鞭子抽打他，又命令他砍下一只手，挂在颈项上。然后，我将他赶出去，让他回到那些拣选他完成这个任务的人那里。（148）匪徒们害怕了，他们非常恐惧，担心如果继续留下来会有同样的遭遇，因为他们估计我房子里的人比他们更多，于是他们纷纷逃跑了。就这样，我用这个巧计，逃脱了第二次阴谋。

## 加利利人继续逼迫难民

**31.** （149）但是仍然有一些人不断挑起群众的愤怒。他们说那些来

---

① 就是大比拉的年轻人抢劫得来的赃物。

投奔我①、与王室有联系的尊贵人士不配活在世上，因为他们为了安全的缘故来投奔我，却不愿入乡随俗，不遵守当地普遍的习俗。这些挑唆者还诽谤那些尊贵人士，说他们是会念咒语的巫师，是拦阻犹太人战胜罗马人的障碍。群氓很快便信以为真，他们被那些话欺骗了。那些话很有说服力，很容易赢得人们的信任。（150）当我发现这些事情时，我再次②试图教导群众，告诉他们不应当逼迫那些前来投奔他们的尊贵人士。我也嘲笑那些有关魔法的胡言乱语。我指出，如果可以用咒语或魔法打败敌人，罗马人就不会维持数以万计的士兵！（151）虽然我的话对人群有暂时的说服力，然而一离开，他们又会被那些反对尊贵人士的恶棍激起愤怒。

终于，人群随同带武器的士兵一起冲到尊贵人士在塔里切亚的家，企图干掉他们。（152）当我发现这件事情时，我非常担心，如果这样的暴行最后得逞的话，那些想逃到［塔里切亚］的人便不会再到那里去了。（153）于是我和其他一些人走进尊贵人士的屋子里。我首先确保房子的安全，然后我挖了一条渠沟，从房子③那里一直通到湖边。然后我叫来一只船，和尊贵人士一起上船，穿过湖泊，来到西佩尼斯（Hippenes）④的边境。我给他们买马的钱，因为在这样逃跑的情况下，我无法连马一起带出来，然后与他们告别，切切鼓励他们勇敢面对将来的命运。（154）我

---

① 参 112 节。

② 参 113 节。

③ 估计是建在水边的房子。

④ 一个希腊城市，属于低加波利辖区，正好位于亚基帕王领地边界的外缘。

自己非常痛苦，因为我不得不将难民遣返回敌人的［领地］；但是我认为如果真的要死的话，他们死在罗马人的手中，也好过死在我的领土上。结果他们都活下来了，因为亚基帕王对他们的过失很宽容。有关这些人的事情就到此为止了。

## 提比哩亚人起来造反，他们向亚基帕王求助

**32.**（155）之后，提比哩亚的居民写信①给王，请求王派军队保护他们的领土，因为他们想归属于王。尽管提比哩亚人写这些话给王，（156）但当我来到那里时，他们要求我为他们建造城墙，履行我之前的诺言②，而且他们听说塔里切亚已经建了城墙。我同意了提比哩亚人的请求，并准备好建筑城墙所需的一切物品，然后命令监督工程的商人落实行动。（157）三天后，我启程返回塔里切亚，塔里切亚距离提比哩亚六公里。当时一些罗马人的骑兵在［提比哩亚］附近巡逻，正好被群众看见。群众看见骑兵，以为王的军队已经到达。（158）［提比哩亚人］立刻欢呼赞美王，同时又说我的坏话。有一个人跑过来，向我报告提比哩亚人的态度，说他们已经决定要背叛我。

（159）听到这个消息，我感到很不安，刚好我已经解散了带武器的士兵，打发他们回到塔里切亚自己的家，因为第二天是安息日，我不希望看见那些住在塔里切亚的居民受到军人的骚扰。（160）事实上，我也常常

---

① 有关这件事情的记录，参《犹太战记》2.632 及后面的内容。

② 参 144 节。

住在塔里切亚,尽管如此,我从未明确规定他们必须保护我的人身安全;因此我常常有机会考验塔里切亚人对我的忠诚①。(161)现在我只有七个带武器的士兵和我在一起,还有一些朋友,我有些茫然,不知道该做什么。我认为召集我的军队并不妥当,因为这一天已经快要结束,就算[军队]能够赶来,第二天他们也不能拿起武器,因为律法②禁止我们这样做——尽管在某些极端必需的情况下,律法容许破例。(162)此外,在提比哩亚人中间也住着塔里切亚人和外国人,因此,如果我要掉头回去攻占[提比哩亚]城,我会发现我的军力并不足够;我也会发现我已经耽搁太久,因为一旦王的军队到达,他们就会阻止我,我想我会被赶出城市。

(163)于是我想用巧妙的计谋来对付提比哩亚人。事实上,我立刻开始行动。首先,我将最信任的朋友调遣到塔里切亚的城门,吩咐他们严密把守,不允许人们离开;然后,我召见每个家庭的家主,命令他们每人准备一只船,每只船配一个领航员,又叫他们登船,跟随我一起前往提比哩亚。(164)我自己也登上船,同行的还有我的朋友和带武器的士兵,我前面说过,一共有七个士兵,我们一起向提比哩亚进发。

## 约瑟夫用巧计平息叛乱;伪装的舰队

**33.** (165)提比哩亚人看见王的军队没有来到,而整个湖都停满了

---

① 在 132 节及后面的内容中记载了约瑟夫对塔里切亚人不加提防的一个例子,在那次事件中,塔里切亚人几乎没有表现出"忠诚"。

② 是指口传律法(oral law),参《马加比一书》2 章 34 节及后面的内容。

船只,他们开始为自己的城市担忧,惊恐起来,以为我们的船上全是海军;他们完全改变了主意。(166)于是他们放下武器,带着他们的妇女和孩子一起出来见我,高声赞美我,以为我还不知道他们态度的改变。他们请求我放过提比哩亚城。

(167)当我靠近提比哩亚时,我命令领航员下锚,在距离陆地还有一段距离时停船,这样,提比哩亚人就看不见船上其实没有海军。然后,我坐一只船靠近提比哩亚人,开始羞辱他们的愚蠢,嘲笑他们竟然如此无礼而鲁莽,在没有任何合理的借口的情况下,决定不再效忠我。(168)尽管这样,我表示将来还会坚定地和他们合作,如果他们愿意派出民众中最重要的十个人。提比哩亚人决定投降,派出了我想要的十个人。我把他们带上船,送他们到塔里切亚,叫人看守起来。

## 惩罚叛乱头目

**34.**(169)于是我用这个妙计,把提比哩亚整个公会的人分批带到塔里切亚,同时我还带走了提比哩亚的群众领袖——人数不比公会的少。

(170)现在,提比哩亚这些群氓看见他们遭遇如此巨大的不幸,就恳求我惩罚挑起叛乱的人,这个人叫克雷托斯(Cleitus),是一个胆大妄为又鲁莽的年轻人。(171)考虑到处死自己的同胞是不敬虔的行为,但是又必须执行纪律,于是我命令身边一个名叫李维斯(Levis)的保镖,让他上前砍掉克雷托斯的一只手。(172)李维斯听见我要他独自上前面对群氓,感到非常紧张。我不想让提比哩亚人察觉出保镖的懦弱,于是我对克雷托斯说:"这是你应得的惩罚,因为你对我这样忘恩负义;当着大家的面,你自己砍掉双手吧,免得你受更重的惩罚。"(173)克雷托斯再三哀求我从轻发落,给他留下一只手,我勉强点头同意①。克雷托斯非常高兴,因为他不用把两只手都砍掉。于是,克雷托斯拔出剑,砍掉自己的左手,这场叛乱也随之平息了。

## 释放提比哩亚囚犯

**35.** (174)当我回到塔里切亚后,提比哩亚人开始领悟我对付他们的妙计,他们对我充满敬畏,因为我不用流血就结束了他们的愚昧。

(175)我召见了那些在监狱中的提比哩亚人,邀请他们一起用餐,其中包括尤斯图斯和他的父亲皮斯图斯。筵席结束后,我说:"我自己非常清楚,罗马人的力量是非常强大的;但是因为那帮强盗的缘故,我一直保持沉默。"(176)我劝他们也要这样做,耐心等候日子满足的时候,也不要对我这个将军感到失望,因为他们要再找一个像我这样仁慈的将军是不容易的。(177)我也提醒尤斯图斯,我从耶路撒冷来加利利之前,加利利人已经砍去他兄弟的双手,理由是尤斯图斯的兄弟在战前伪造信件;我又指出,后来当腓力离开加马拉时,加马拉人起来对抗巴比伦人,处死了腓力的亲戚卡雷斯(Chares)。(178)加马拉人还无情地惩罚了耶数斯。

---

① 这里的记述有些令人困惑,前后不符,《犹太战记》2.642及后面的内容中记录的相应情节是前后一致的。

耶数斯是那人［腓力］①的兄弟，也是尤斯图斯的妹夫。这些就是我在筵席后和尤斯图斯那群人讨论的事情。第二天一早，我便下令将所有被囚的人都释放了。

**36.**（179）在此之前，发生了这样一件事：亚西姆斯的儿子腓力因为以下原因离开了加马拉城堡②。（180）腓力发现瓦鲁斯已经被亚基帕王代替，而瓦鲁斯的继任者摩狄斯已经到达。摩狄斯是腓力的朋友，也是长期的同僚，于是腓力写信给摩狄斯，告诉他自己的遭遇，并请求摩狄斯把他寄去的文件③转交给王室。（181）摩狄斯收到腓力的信非常高兴，因为他从信中得知腓力已经逃脱了。于是，摩狄斯把文件寄给王室，那时王室在贝里特附近。

（182）亚基帕王这才发觉有关腓力的谣言都是假的，因为之前有传言说腓力已经成为犹太人的将军，带领犹太人抵抗罗马人。于是，亚基帕王派一队骑兵护送腓力［到贝里特］。（183）亚基帕王热情接待这位"新来的人"，不断向罗马人的司令表示这真的是腓力，人们传言他背叛了罗马人。然后，亚基帕王指示腓力带领一些骑兵，迅速前往加马拉城堡，把腓力全家都护送到王那里，再重新把巴比伦人安顿在巴丹尼亚④。（184）亚基帕王还命令腓力预备各样用品，不要让国民中出现任何革命的苗头。这就是王吩咐腓力做的事情，腓力迫不及待地执行王命。

---

① 关于这件事情，参 179 节和 186 节的记述。
② 这里穿插的记录是 46—61 节历史记录后续发生的事情。
③ 参 48 节。
④ 关于巴比伦犹太人移民到巴丹尼亚的起源，参 54 节的脚注。

# 加马拉人背叛亚基帕

**37.** (185)那时①,亚伊勒斯(Iarius)的儿子约瑟夫说服了很多莽撞的年轻人帮助他,他还向加马拉的首领施压,劝说他们背叛亚基帕王,拿起武器,夺回他们应有的自由。一些人在他们的强迫下同意了,而那些持不同意见的人都被他们处死了。(186)此外,他们还杀死了卡雷斯,除掉了耶数斯,前面我们已经说过,耶数斯是腓力的亲戚,也是提比哩亚人尤斯图斯的兄弟②。现在,他们写信给我,请求我派一支军队到他们那里去,再派一些人手,帮助他们重建加马拉的城墙,我对他们这两个要求都没有异议。

(187)高拉尼提斯(Gaulanitis)这个地区也背叛王,叛乱甚至一直延伸到索利马(Solyma)村庄。

## 约瑟夫加固加利利的防卫

我为塞琉西亚(Seleucia)和索格尼(Sogane)修建了城墙,这两个村庄本身已经很坚固,我也同样为整个上加利利地区的村庄修建城墙——

---

① 在希腊文中没有提到接下来事件的发生时间,可以从 177 节中推断这些事情的先后顺序。

② 这里有一些混乱。在 177 节前后,约瑟夫只提到两个人的名字:卡雷斯和耶数斯。卡雷斯是腓力的亲属,耶数斯是卡雷斯的兄弟,也是尤斯图斯的妹夫。

甚至全是石头的地方也不例外。（188）这些村庄包括雅尼亚（Jamnia）、亚门拿突（Ameroth）①、亚该亚巴（Acharabe）。在下加利利，我修固了塔里切亚、提比哩亚和塞弗里斯这三座城市，还有以下这些村庄：阿贝拉洞（Cave of Arbela）、比修百（Bersoubai）、西拉美（Selame）、约他帕他（Jotapata）、卡法尔他（Capharath）、哥莫斯（Komos）、索格尼（Soganae）、亚法（Iapha）和伊他比利安山（Mount Itabyrion）。为了保障将来的安全，我还在这些地方储存了足够的粮食和武器。

## 吉斯卡拉的约阿内斯企图替代约瑟夫

**38.**（189）因为我的成功，李维斯的儿子约阿内斯对我恨之入骨。他定下目标，要不惜一切手段除掉我，因此他为自己的城市吉斯卡拉修建了城墙。（190）约阿内斯还派遣自己的兄弟西门和西谢拿（Sisenna）的儿子约纳特斯（Jonathes）以及大约一百个拿着武器的士兵去迦玛列（Gamaliel）的儿子西门那里，恳求西门去说服耶路撒冷的公会不让我统治加利利，而是投票将统治权交给[约阿内斯]。

（191）迦玛列的儿子西门来自耶路撒冷城，家世显赫。他来自法利赛学派，法利赛学派以擅长传统法律事宜知名②。（192）西门是一个思维敏锐、富有理性的人，能够以自己实践的智慧，纠正错乱的事情。

---

① 或门拿突（Meroth），参《犹太战记》2.573。

② 或译为"擅长祖先遗传的诫律"。这里是指传统的诫律（哈拉卡，Halakoth），是从律法衍生出来的法律和典章。

然而，由于西门是约阿内斯多年的朋友和同僚，他当时与我不和。(193)因此，西门接到请求后，便尝试说服大祭司亚拿努斯（Ananus）和加马拉（Gamala）的儿子耶数斯，还有其他一些同派系的人，说他们应当阻拦我的进展，以防我的名声达到极点。西门告诉他们，最好把我调离加利利。此外，他还请求亚拿努斯那群人不要迟延，否则我可能预先知道这一切，会带军队来进攻耶路撒冷。

(194)尽管西门提出这样的建议，但大祭司亚拿努斯认为西门的建议不容易实行——因为很多大祭司和群众的领袖都可以证明，我是一个很好的将军——而指控一个他们找不出任何罪证的人，显然是小人的作为。

**39.** (195)听了大祭司的这番话，西门便吩咐［约阿内斯派来的］那伙人保持安静，不要在公众场所讨论这些事情。西门说他要亲自安排，把我速速调离加利利。于是他召见了约阿内斯的兄弟，命令他送礼物给亚拿努斯那群人，西门说这样他便可以很快说服亚拿努斯那群人改变主意。(196)最后，西门完成了自己想做的事①。


## 约阿内斯的阴谋得逞


亚拿努斯和那些与他在一起的人因为收受礼物而败坏，他们密谋要在城中没有其他人知晓的情况下，把我赶出加利利。

---

① 参《犹太战记》2.627—629 的简要记述。

# 耶路撒冷派出的使团

事实上，他们考虑有必要派人到加利利去一趟。这些人的家族世系不同，但拥有相同的教育背景。(197)其中两个人约纳特斯(Jonathes)和亚拿尼亚(Ananias)来自平民阶层，属于法利赛学派；第三个是约萨(Jozar)，是祭司的后代，也是法利赛人；他们中最年轻的西门来自大祭司的家族。(198)亚拿努斯那群人指示这四个人到加利利的群众那里，调查加利利人喜爱我的原因。如果加利利人说因为我来自耶路撒冷，那么他们四个也都来自耶路撒冷。如果加利利人说因为我熟知律法，那么他们四个也可以宣称自己十分精通传统习俗。最后，如果加利利人说他们爱我是因为我来自祭司家族，那么他们可以回答说，他们当中有两人也是祭司。

**40.** (199)亚拿努斯那群人商量好这些事宜后，便从公共基金中拿出四千个银币①给约纳特斯的四人团队。(200)他们又听说，有一个名叫耶数斯的加利利人住在耶路撒冷，手下有六百个带武器的士兵。他们便召见这个人，付给他三个月的工钱，指示他护送约纳特斯的团队，服从他们。他们又召集三百个市民，给他们银币，作为伙食开销，命令他们跟随约纳特斯的使团。(201)说服了这些人，安排好他们出发的行装后，约纳特斯的使团就带着他们离开耶路撒冷上路了，随同的还有约阿内斯的

---

① 如果是第纳尔(denarii)银币，这笔钱大约值一千二百英镑。也可能是一种比较小的银币。

兄弟和一百个拿着武器的士兵。

（202）使团接受大祭司亚拿努斯那群人的指示：如果我愿意放下武器，就把我活着押送到耶路撒冷；如果我反抗，就杀死我，不用怕，因为这个命令是来自他们［耶路撒冷当局］。（203）亚拿努斯那群人甚至写信给约阿内斯，说他应当准备与我开战；他们也命令塞弗里斯、加巴拉和提比哩亚的居民派军队支持约阿内斯。

## 约瑟夫决定离开加利利

**41.**（204）加马拉的儿子耶数斯是我的朋友和同僚，也是亚拿努斯公会的成员。他将亚拿努斯那群人的计划泄露给我父亲，于是我父亲写信告诉我这些事情。收到父亲的信，我很伤心，我知道［耶路撒冷的］市民因为妒忌而对我忘恩负义，他们下令要对付我。此外，我父亲在信中坚持要求我去他那里，因为他说他渴望在临死之前见到自己的儿子。（205）我将这些事告诉我的朋友，我告诉他们，再过三天我将离开他们的领土，前往自己的家乡。

所有听见这个消息的人都很难过，他们放声大哭，不断请求我不要撇下他们在困境中——即使我的将军头衔将被撤销，好像东西被水冲走一样。（206）考虑到自身的安全，我没答应他们的请求。于是加利利人开始担心，恐怕我一离开，他们就会成为强盗眼中的猎物。因此他们联络整个加利利地区的报信员，让他们用信号传达我要离开的消息。

# 加利利人聚集起来，支持约瑟夫

（207）听到这个消息后，很多人带着妇女和孩子从四面八方赶过来。我想，他们这样做主要不是因为想见我，而是为自身的命运担忧；他们认定只要我留在加利利，他们就不会受到伤害；所以他们纷纷赶到我居住的大平原，那地方叫亚索吉斯（Asochis）①。

## 约瑟夫的梦

**42.**（208）那天晚上，我做了一个奇妙的梦。因为前面提到的事情，我上床休息时，心里非常哀伤和苦恼。（209）这时，仿佛有人站在旁边对我说："看，你这个受伤的人，你要冷静！不要害怕！你现在感到难过的事情，将来会成为伟大的事情，而且还能给你在各方面带来很多很好的机会②。你不但能够正确地处理这些事情，还能处理其他许多事情。不要把自己搞得精疲力尽，要记住，你还必须对抗罗马人。"

（210）我做了这个梦，就从床上起来，有冲动想下到平原那里去。当我出现时，所有加利利的民众，连同他们的妇女和孩子，都伏在地上哭泣起来。他们恳求我不要置他们于不顾，把他们丢给敌人；他们求我不要

---

① 即撒何·艾尔·卜套夫（Sahel el Buttauf），从东向西，隔断约他帕他以北和拿撒勒以南的山岭。

② 也可能是"超过众人"的好机会。

离开,不要让他们的领土落入敌人手中,受敌人的羞辱。(211)他们不是用请求的方式来劝说我,而是用誓言不断胁迫我留在他们中间。他们还哀叹说耶路撒冷的群众不让他们的领土保持太平。

**43.** (212)听见民众说这些话,又看见他们如此沮丧失望,我开始同情他们,觉得为了这样的民众,留下来也是值得的,即使要面对眼前明摆着的危险。

## 约瑟夫同意留在加利利

事实上,我同意留下来。我从他们当中选出五千名士兵,指示他们拿好自己的粮食再回来,至于其他人,我打发他们回家去了。

(213)那五千名士兵回来后,我带着他们,连同我自己的三千名士兵,还有八十名骑兵,一起向托勒密边境的迦布卢斯(Chabolos)①村庄进发。在那里,我召集自己的军队,假装准备与普拉奇多斯(Placidus)开战。(214)塞斯提斯·加鲁斯派普拉奇多斯在加利利靠近托勒密的村庄纵火。于是普拉奇多斯率领两个团的步兵和一队骑兵来到加利利。他在托勒密城的前方挖掘有围栏的营地,而我也在距离托勒密十二公里的地方修建基地。(215)因此我们带着各自的军队在附近来来回回,好像打仗一样,其实我们只是对射了一些炮弹。因为当普拉奇多斯意识到我很想开战时,他感到害怕,便克制了自己的行动,但他仍旧没有从托勒密撤退。

---

① 卡布(Cabul),位于亚索吉斯大平原(207节提到的)和托勒密(阿卡)之间。

## 耶路撒冷的使者来到加利利；他们和约瑟夫的书信往来

**44.** (216)大约在这时，约纳特斯和他的使团到了。我们已经说过，他们是西门和大祭司亚拿努斯那群人从耶路撒冷派来的。约纳特斯打算设个圈套诱捕我，因为他不敢公开捉拿我。(217)于是他写了这样一封信给我：

"受耶路撒冷市民差遣的

约纳特斯和与他一起的人

致约瑟夫

你好！

我们是耶路撒冷的首领派来的。他们听说吉斯卡拉的约阿内斯常常设计陷害你，便派我们来训斥他，并劝告他在整个期间要顺从你。(218)我们想和你仔细商讨还有什么要做的事，因此邀请你尽快到我们这里来——但不要带太多人，因为这里的村庄容纳不下太多士兵。"

(219)他们写这些话，是期望两种可能的结果：如果我不带武器去见他们，他们就可以控制我。如果我带很多士兵去见他们，他们就可以判定我是他们的敌人。

(220)这封信是一个骑兵带来的。这个骑兵是一个古怪而鲁莽的小伙子，以前是王的士兵。那时已经是晚上八点左右，我刚好在招待一些朋友和加利利的首领。(221)我的侍从向我报告，有一个犹大骑兵来到，我便指示让他进来。这个小伙子什么招呼也不打，直接把信拿出来，"这是那些从耶路撒冷来的人带给你的信，"他说，"你必须立即回信，因为他们催我把回信带回去。"(222)当时在场躺着的客人为这个士兵的鲁莽感到非常惊讶。但是我邀请他坐下，和我们一起进餐。我收下信件，把信拿在手里，也没有加以理会，继续和朋友谈一些毫不相干的话题。

(223)过了一会儿，我站起来，打发其他人去睡觉，只留下四个必要的朋友和我在一起，又吩咐为骑兵小伙子预备酒。我打开那封信，还没有完全读完，便明白了其中的计谋。于是我把信重新封上，(224)拿在手里，装作还没有读过，又吩咐给带信的士兵二十德拉克马作为旅费。士兵接过钱，表示感谢。我留意到他是一个贪婪的人，他的举止[暴露了他的缺点，]使他成为轻易被捕获的对象。于是我说："如果你和我们一起喝酒，只要你愿意，每喝一杯酒，便可以得到一德拉克马"(225)。士兵很高兴地同意了。为了得到更多的银子，他喝了很多酒，最后喝醉了。小伙子再也不能隐藏自己的秘密，还没等我们发问，就说出了约纳特斯那伙人策划的阴谋，以及他们要如何置我于死地。

听到这些话，我写了一封这样的回信：

(226)"约瑟夫

致约纳特斯和与他一起的人

你们好！

我很高兴得知你们安然无恙地到达加利利，特别是因为现在我可以回到家乡，并把本地的事务移交给你们。(227)我盼望这一天已经很久了！我很愿意到克萨洛特（Xaloth）①和你们见面，甚至是更远的地方，

---

① 大平原上的一个村庄，位于加利利的南部边界，在其他地方称为"埃克萨洛特"（Exaloth），参《犹太战记》3.39。

即使你们不下命令，我也会赶过来。但是我恳求你们原谅我不能到你们那里去，因为我现在正在迦布勒严密地盯守普拉奇多斯。他计划进攻加利利。所以，你们看到这封信后，请到我这里来。

祝安好。"

**45.**（228）我写了这封信，把信交给士兵带回去，又派了三十个极可靠的加利利人与他同去，我吩咐他们问候约纳特斯一伙人，其他什么话都不要说。我又为每个受信任带武器的士兵安排一个同伴，确保我差派的人和约纳特斯一伙人之间没有任何谈话。于是他们便出发了。

（229）约纳特斯一伙人的第一次尝试失败了。于是他们又送了另一封信给我，信上写着：

"约纳特斯和与他在一起的人

致约瑟夫

你好！

我们命令你三天后不带任何武器到加巴罗斯（Gabaroth）村庄①。我们想全面了解你对约阿内斯的不满。"

## 群众公开表示支持约瑟夫

（230）他们写了这封信，接见了我派去的加利利人，又打发他们回来。然后，约纳特斯一伙人去往亚法伊②。亚法伊是加利利最大的村

---

① 在其他地方称为"加巴拉"；位于约瑟夫在卡布的住所东北方向约十公里处。

② 位于拿撒勒西南方向约几公里处。

庄,有坚固的城墙,住满了居民。亚法伊的民众带着妇女和孩子一同出来见他们,喊着叫他们离开,不要为难加利利人的好将军。(231)听见群众的呼喊,约纳特斯一伙人十分恼火,但他们不敢流露他们的愤怒。于是他们没有问亚法伊居民的意见,继续往其他村庄去了。但无论走到哪里,他们都听见同样的呼声,[群众]喊着说,没有人可以改变他们的主意,他们就是要约瑟夫做他们的将军。

(232)约纳特斯一伙人在那些百姓中不能发挥作用,于是他们离开亚法伊,前往塞弗里斯,这是加利利最大的城市。塞弗里斯在意见上倾向罗马人,他们会见了约纳特斯一伙人,但既没有称赞我,也没有辱骂我。(233)然而,当约纳特斯一伙人离开塞弗里斯去到亚索吉斯时,那里的群众不断高声呼喊反对他们,就像亚法伊的居民一样。这一次,约纳特斯他们不再按捺自己的怒气,他们命令随行带武器的士兵用木棍击打那些呼喊的百姓。

当约纳特斯一伙人在加巴拉出现时,约阿内斯带着三千个带武器的士兵出来迎接他们。

(234)自从读了约纳特斯的信,我就知道约纳特斯和约阿内斯已经决定要与我开战。于是我带着三千名带武器的士兵离开了迦布卢斯,只留下我最信任的朋友管理那个基地。我想接近约纳特斯和约阿内斯那群人,所以我带着士兵来到约他帕他,距离约纳特斯那群人八公里。在那里,我写信给约纳特斯(235):"如果你们不惜任何代价想要我到你们那里去,在加利利全境有二百零四个城市和村庄,我可以去任何一个你们指定的地方,但是加巴拉和吉斯卡拉除外;因为这两个地方,一个[吉斯卡拉]是约阿内斯的家乡,而另一个地方[加巴拉]是约阿内斯的同盟和朋友。"

## 使团的阴谋和约瑟夫的对策

**46.**（236）约纳特斯收到这封信后，不再回信给我。约纳特斯召集朋友一起开会，也邀请约阿内斯参加，详细讨论怎样捉拿我。（237）约阿内斯想到一个主意，他建议写信给加利利所有的城市和村庄，因为每个城市和村庄总会有一两个不喜欢我的人，约阿内斯想召集这些人，好像召集士兵对抗敌人一样。他还指示说要把这个消息传送给耶路撒冷的市民，这样，如果他们知道我已经被加利利人判定为敌人，他们也会投票做出同样的判断。约阿内斯断言，一旦事情到了这个地步，那些十分看重我的加利利人也会感到害怕，担心自己落入困境当中。

（238）约阿内斯热切地提出他的建议，其他的人也喜欢他的主张。（239）大约晚上九点的时候，我也知道了这些事情。一个名叫撒该（Saccheus）的人，本来和他们在一起，后来离开他们，到我这里来，把约阿内斯的计谋告诉我。显然，我不能再拖延，必须采取行动。（240）我身边有一个带武器的士兵雅各，我一直信任他，我确定他是值得信赖的。于是我命令他带领两百名带武器的士兵，在加巴拉通往加利利的各个出口处巡逻，逮捕任何从城里出来的人，尤其是携带文件的人，并且押送到我这里来。（241）我还有一个朋友叫耶利米（Jeremiah），我派他带领六百名带武器的士兵到加利利边境，严密看守从加利利通往耶路撒冷城的道路。我也命令他拘捕任何携带信件出行的人，把人扣留在原地，把文件传送给我。

## 约瑟夫在加巴罗斯与使团见面；
## 民众再次表示支持约瑟夫

**47.** （242）在给派出的人下达命令后，我又传话给加利利人，命令他们在第二天带上武器，预备三天的粮食，到加巴罗斯村来见我。至于我自己身边带武器的士兵，我把他们分成四队，并委任最可靠的一队人，保护我的人身安全。我给每一队士兵指派了队长，并吩咐他们留心，不要让手下的人与陌生的士兵交往。（243）第二天上午大约十一点，我来到加巴罗斯，发现村庄前面的整个平原都挤满了来自加利利带武器的士兵。正如我吩咐的那样，他们准备结成联盟。事实上，还有一大群从各个村庄赶来的人，也正在集结成军。

（244）我走到他们中间，开始讲话；他们都大声呼喊，称我是国家的守护者和拯救者。我向他们表示感谢，但我劝他们不要与任何人开战，也不要掠夺抢劫，玷污了自己的双手。我建议他们在平原上扎营，吃喝自己为旅途预备的粮食。我说，因为我想用不流血的方式来平息这场动乱。

（245）就在那天，有一些人受约纳特斯的差派，带着信件外出，正好被我安排到路上巡逻的士兵抓住。他们照我的命令，把这些人拘留在原地。我阅读了这些信件，里面充满了毁谤和谎言，但我没有把信里的内容告诉任何人，我决定起而对付［约阿内斯的军队］。

**48.** （246）约纳特斯一伙人听见我来的消息，就召集了他们所有的士兵,还有约阿内斯的队伍,一起退到耶数斯的房子里。耶数斯的房子是一座堡垒,完全不亚于一座卫城。他们安排了一队带武器的士兵做突击队,藏在暗处,锁上所有大门,只留下一扇门开着,然后邀请我从那里进到耶数斯的房子里见他们。(247)他们给士兵明确的命令,当我到达时,只允许我一个人进去,把其他人都挡在外面。他们以为这样,我就会轻易落入他们手中,任由他们处置。(248)然而他们的期待落空了。由于事先已经识破他们的计谋,我就面对他们假装睡觉,仿佛我从路上赶来后,准备在他们那里过夜似的。

(249)约纳特斯一伙人以为我真的在休息,而且睡得很沉,于是他们匆匆下到民众那里,试图改变他们的想法,好像我这个将军做得很糟糕似的。(250)然而事与愿违,当他们出现时,城堡外的加利利人立刻呼喊起来,表示拥戴我做他们的将军。那些加利利人还责怪约纳特斯一伙人,他们〔使团〕来到加利利,自己没受什么苦,倒把他们〔加利利人〕的事情搞得一团糟!加利利人一再要求约纳特斯一伙人离开,因为加利利人永远不会改变主意,接受另一个人代替我来保护他们。

(251)当人们将这些事向我报告后,我毫不犹豫地加入了双方的冲突中。我立刻走下去,以便听到约纳特斯一伙人会说什么。当我走到前面时,全体民众立刻开始鼓掌,高声赞美我,奉承我,并对我成为他们的将军表示感谢。

# 约瑟夫对使团说话

**49.** (252)听见加利利人的回应,约纳特斯开始感到害怕,他们担心一旦加利利人因为对我的感激而冲上去和他们开打,他们可能会被杀死,所以他们打算溜走。不过我要求他们留下来,所以他们也不能离开,只能站在那里,低着脑袋,听我向群众说话。(253)我命令群氓不要奉承我,并委派最信得过的带武器的士兵到路上巡逻,这样约阿内斯就无法突然袭击我们。我又告诫加利利人要拿起武器,这样如果敌人的军队突然出现,他们也不会受到惊扰。

(254)我首先提醒约纳特斯一伙人有关信的事情:他们写信告诉我,是耶路撒冷的公会派他们来解决我和约阿内斯的冲突,他们又邀请我来见他们。(255)我边讲述这些事情,边在人群当中把信拿出来,这样约纳特斯一伙人就不能抵赖,我手中的信揭露了他们[的话]。

(256)"看哪,"我宣告,"如果你们要审断我和约阿内斯的纠纷,我带了两三位正派人士作见证,为我自己的生命辩护。约纳特斯,你和你的使者需要面对这明摆的事实,当你们调查了这些正派人士的生活后,你们要撤销对我的指控。(257)事实上,你们要知道,我在整个加利利地区的行事为人都是正直无伪的,这三个见证人可以为我的正直作见证。但我认为三个见证人还太少,因此,我请所有这些加利利人作我的见证。(258)你们可以在这些人当中,调查我的生活情况,我是否按照最严格和最高的道德标准管理这里的事务。当然,加利利人,我要你们起誓,不要隐瞒任何事实。你们要把约纳特斯他们当作陪审团,告诉他们我是否做过什么见不得人的事情。"

**50.** (259)我的话还没有说完,就有无数声音从各个方向传来,称呼我是他们的守护者和拯救者。他们纷纷为我做过的事作见证,还请求我为他们做[更多的]事。人们都发誓,说我没有调戏过妇女,也从来没有以任何方式伤害过他们。

（260）接着，我又向加利利人念了两封约纳特斯一伙人寄出去的信，是我安排在路上巡逻的士兵搜到交给我的，信中满是毁谤和谎言，说我像暴君一样管理加利利人，不像将军。（261）除此以外，约纳特斯还添加了许多其他事情，全是可耻的谎言。我告诉民众，这些信都是捎信人自愿交给我的，因为我不想让约纳特斯一伙人知道巡逻队的事情，否则他们会产生顾虑，不再写信了。

## 有条件地饶恕使团

**51.**（262）当民众听到这些事情时，他们极其愤怒。他们冲向约纳特斯一伙人，仿佛要撕碎他们。事实上，如果不是我设法平息了加利利人的怒火，他们差一点就把约纳特斯一伙人干掉了。我向约纳特斯一伙人宣告，我愿意原谅他们的所作所为，如果他们愿意改变自己的想法，回到自己的城市［耶路撒冷］，将我行事为人的真相告诉那些差派他们来的人。（263）说完这些话，我便放了他们，虽然我十分清楚，他们不会遵守自己的诺言。民众对他们感到很愤怒，他们请求我给他们权柄惩罚这些傲慢无礼的人。（264）我想尽一切办法试图说服他们放过约纳特斯一伙人，因为我知道一切动乱都会给犹太人整个群体造成破坏。但是群氓对约纳特斯一伙人怒气冲天，不能抑制，他们集体向约纳特斯一伙人要去的地方冲过去。

## 逃往索格尼，避免承担引发内战的责任

（265）当我发现不能制止民众的冲动时，我跳上一匹马，命令他们跟随我去索格尼，索格尼是距离加巴拉四公里的一个村庄。用这个方法，我让自己避免了似乎我要发动内战的危险。

## 约瑟夫差遣立场相反的使团前往耶路撒冷

**52.**（266）在接近索格尼①的地方，我让民众暂时停住，劝他们不要被愤怒的感觉影响，鲁莽行事，比如要惩罚约纳特斯一伙人，其后果是不可弥补的②。然后，我命令人群中一百个年长的首领，要他们准备前往耶路撒冷，责备耶路撒冷的市民在加利利引发分歧。（267）我说："如果他们被你们的话感动，你们便请求耶路撒冷的公会写信给我，指示我留在加利利，叫约纳特斯一伙人离开加利利。"（268）我给了他们这些指示后，他们很快便预备好。在聚集后的第三天，我举行告别会，另外又派了五百个带武器的士兵一同前去。（269）此外，我又写信给撒玛利亚的朋友，要他们让加利利人的使团和随同的士兵安全通过；因为撒玛利亚已经由罗马人管理。但是如果要快速穿越那个地区，就一定得经过撒玛利

---

① 大多数抄本在这里是"索格尼亚"（Soganeae）。

② 直译为"尤其是将造成不可补救的惩罚"，（应当）是指民众想要处置使团这件事情。

亚。从加利利出发,如果走撒玛利亚这条路,三天就可以到达耶路撒冷。（270）我自己陪着使团一直到加利利的边境,一路上安排守卫,这样人们就不容易发觉有人离开加利利。做完这些事情,我在亚法伊住了下来。

## 约纳特斯的使团煽动提比哩亚人起来造反

**53.**（271）在和我交手的过程中惨败后,约纳特斯一伙打发约阿内斯回吉斯卡拉,他们自己则去往提比哩亚城,满心希望那个城市会任凭他们摆布。因为大约在此时,耶数斯写信给他们,宣布他会说服提比哩亚的群氓,在约纳特斯等人来到时欢迎他们,并说服提比哩亚群氓加入约纳特斯的阵营。（272）可是当［约纳特斯一伙］带着这样的期待上路时,西拉写信向我报告了这些事情,并要我赶去提比哩亚。我前面提到过①,我把西拉留在提比哩亚管理那边的事务。我马上听了西拉的建议,赶去提比哩亚。但是在那里,我却因为下面的原因差点让自己丢了性命。

（273）约纳特斯的团队来到提比哩亚,劝说很多与我不和的人起来造反。当约纳特斯听说我要到提比哩亚来时,他们开始为自己担心。他们来见我,向我问安,并开始说他们觉得我这样介入加利利的事务是一件很好的事,事实上,他们［和我同样］为我所得到的尊荣感到欢喜。（274）他们声称,我的声誉令他们面子上很有光彩,因为他们曾经是我的老师,现在是我家乡的市民。他们一再说,在我和约阿内斯之间,他们更看重和我的友谊。尽管他们渴望回家,但是他们会在提比哩亚耐心等

---

① 89 节。

候,直到他们将约阿内斯交给我处置为止。(275)当他们说这些话的时候,态度非常肯定,还用我们最可怕的誓言发誓,因此我认为不应当不信任他们。事实上,由于第二天是安息日,他们恳求我住在其他地方,因为他们主张提比哩亚城不应当受到我们的搅扰。

## 提比哩亚祷告室的会议

**54.** (276)于是我离开提比哩亚前往塔里切亚,什么也没有怀疑,但是我在提比哩亚留下一些人,他们会将约纳特斯等人论及我们的事传话给我①。我又在塔里切亚到提比哩亚的沿路安置了许多人,这样他们可以一个接一个,把那些留在提比哩亚的人发现的事情用传信号的方式报告给我。(277)第二天,提比哩亚全城的人来到祷告室[会堂]②,那是城里最大的建筑,可以容纳很多人。约纳特斯也来了,虽然他没有公开鼓动叛乱,但他的确说提比哩亚城需要一位更好的将军。(278)公会主席耶数斯毫不忌讳地直言:"市民们,我们服从四个人比服从一个人要好,特别是这些人有显赫的家世,又富有洞见。"耶数斯说的是约阿内斯的四人团队。(279)接着,尤斯图斯走到前面,称赞耶数斯的这番话。但是提比哩亚群氓不喜欢耶数斯的话。要不是会议在中午解散——因为那是律法上规定我们在安息日进午餐的时间——他们一定会起来暴动。约

---

① 希腊语原文为"我们"。

② *Proseuche*,"祷告的地方",会堂(synagogue)的另一个名称,参《使徒行传》16:13、16。

纳特斯一伙人失败了,他们离开会堂,将会议推迟到第二天。

## 会议推迟,约瑟夫的意外出现

(280)传信人立刻将这些事情汇报给我,我决定[第二天]一早赶去提比哩亚城。第二天头更的时候①,我从塔里切亚出发,当我到达提比哩亚时,我发现群氓已经在祷告室[会堂]集合,但那些聚集的人并不知道为什么事情聚会。(281)当约纳特斯一伙人意外地发现我也在场时,他们颇感不安。于是,他们计划散布消息说有罗马骑兵在附近,在距离提比哩亚城六公里的边境:人们在一个叫荷蒙挪亚(Homonoia)②的地方发现有罗马人的骑兵。(282)发布了这些消息,约纳特斯一伙继续演戏,他们一再要求我不要眼睁睁看着提比哩亚的土地被敌人劫掠。他们这样说是有意图的:他们想用要求紧急帮助的理由做借口来打发我,他们自己则着手改变民众的想法,让整个提比哩亚城的人都敌视我。

**55.** (283)我十分清楚约纳特斯一伙的计谋,但我还是听从了他们的要求,我不想给提比哩亚人留下不好的印象,好像我不能保障他们的安全。于是我出去来到荷蒙挪亚,根本没有发现敌人的踪迹,我便抄近道返回提比哩亚。

--------

① 早上七点钟。

② 意思是"和谐"。这里可能就是约旦河边的乌姆尤内(Umm Junieh,加利利和低加波利的边界),在塔里切亚以南大约三公里的地方,距离提比哩亚约十一公里。

（284）当我到达提比哩亚时，我发现整个公会已经和群众聚集在一起，而约纳特斯一伙人正在捏造一大堆针对我的指控，说我对提比哩亚人因战争［所要付上的代价］漠不关心，自己过着奢侈的生活。

（285）约纳特斯一伙边说边出示了四封信件，声称是那些在加利利边境的人写给他们的。写信的人请求约纳特斯等人过去援助，因为有一队罗马骑兵和步兵要在第三天劫掠他们的地区。写信的人恳求约纳特斯他们赶快过去，不要眼睁睁看着敌人劫掠他们的领土。（286）提比哩亚人听见这些消息，信以为真，于是他们不断呼喊，表示我不应该坐视不管，应该赶快去给他们的同胞提供军事援助。（287）我明白约纳特斯一伙人的计谋，于是我说我很愿意听从，并宣布我会速速赶去战场，毫不迟延。但与此同时，我也建议，因为那些信显示罗马人会从四个地点攻击，所以最好把军队分成五组，并指派约纳特斯的团队带领每支队伍。（288）我说，好人不应该只提建议，在有迫切需要的时候，也应当带头提供协助，因为我自己最多只能带领一支军队。（289）我的建议得到民众一致的赞同。于是他们催促约纳特斯一伙出发打仗！约纳特斯一伙尴尬不已，因为他们的计谋没有成功，我的计谋胜过了他们的。

## 第二次会议，约纳特斯一伙人密谋捉拿约瑟夫

**56.** （290）约纳特斯一伙中有一个人，名叫亚拿尼亚，是个卑鄙邪恶的人。亚拿尼亚在众人面前公开建议大家第二天在神面前禁食。亚拿尼亚指示说，人们应当放下武器，在大约同一时间，同一地点，公开在神

面前出现。因为他们明白，除非得到神的帮助，否则一切武器都是无用的。（291）然而亚拿尼亚说这些话并非出于敬虔，而是为了解除我和我［手下人］的武装。我被迫服从，以免别人以为我藐视亚拿尼亚有关敬虔的告诫。（292）当我和手下人退到自己的居所后，约纳特斯一伙立刻写信给约阿内斯，吩咐他第二天一早到他们那里去，并尽可能多带一些士兵；他马上就可以任意摆布我，做他想做的任何事情。

（293）第二天，我吩咐身边两个保镖将匕首藏在衣服下面，和我一起前行；这样如果敌人袭击我们，我们也有办法自卫。这两个保镖的勇气和忠诚都是首屈一指的。我自己穿了一件盔甲背心，里面藏了一柄剑，而且不容易被别人看出来，然后我走进祷告室。

**57.** （294）公会主席耶数斯①站在祷告室门口，他指示说所有与我一起的人都要留在外面，只允许我和我身边的密友②进入。（295）就在我们履行律法上的职责，尽心祷告时，耶数斯站起来，开始质问我焚烧王宫时取出的那些家当，还有那些未铸成钱币的银子的事③。"你把它们留给谁保管了？"耶数斯提起这些事情是为了拖延时间，好等约阿内斯到来。（296）于是我声明，所有的物件都交给卡佩拉和提比哩亚的十个首领保管了。"问他们吧，"我说，"我没有撒谎。"卡佩拉和十个首领说物件的确在他们那里。于是耶数斯又问，"有一次你卖了一批未铸成钱币的

---

① 参271节；可能也是"管会堂的人"。
② 参293和303节。显然，耶数斯拒绝了其他护卫，只允许约瑟夫和他的两个保镖进入祷告室。
③ 参66—69节。

银子,得了二十块金子,那些金子到哪里去了?"(297)我回答说,那些金子给了加利利人的使团,作为他们去耶路撒冷的路费。听见这话,约纳特斯一伙人宣称我不应该从公共[基金]中拨款给使团,这样做是不对的。

(298)这时民众开始激动起来,他们听见我们的对话,看出约纳特斯这群人是邪恶的;我意识到即将出现暴动,为了激动群众对约纳特斯他们有更大的敌意,我说:"如果我做错了,我不应该从公共[基金]中拨款给加利利人的使团,也请你们不要生气,我会自己补还这二十块金子。"

## 约瑟夫侥幸脱逃

**58.** (299)听见我这番话,约纳特斯一伙沉默无语,但是人群更加激动,因为显然约纳特斯等人对我的敌意是不公平的。(300)耶数斯留意到民众情绪的改变,便指示普通市民退出,只要求公会的人在那里等候,因为他说在这样喧哗的环境下,无法仔细审查我的行为。(301)但是民众大呼他们不会留下我一个人与约纳特斯一伙在一起;这时有人悄悄来到耶数斯旁边,报告说约阿内斯带着拿武器的士兵快要到了。

这时约纳特斯一伙不再忌讳什么,但是神在那一刻保护了我,如果不是神的看护,我很可能被约阿内斯彻底消灭了——(302)约纳特斯说:"提比哩亚人,别再盘问这二十块金子的事情吧!我们不是因为这个原因要处死约瑟夫,而是因为他渴望成为独裁者。他用话语欺骗加利利民众，是为自己夺取统治权。"约纳特斯话音未落，他们那群人突然伸手抓住我，企图制服我。

（303）我手下的人看见当时的情况，就拔出佩剑，表示如果约纳特斯一伙逼人太甚，他们就会反击。趁着民众手拿石头，冲过去要砸约纳特斯的时候，[我的朋友]拉着我逃离了敌人的网罗。

# 逃往塔里切亚

**59.**（304）我走了没多远，差一点撞到约阿内斯。约阿内斯带着拿武器的士兵正往会堂这边来。我连忙绕开避过他，有人领我穿过一条小路，安全来到湖边。我登上一条去塔里切亚的摆渡船。就这样，我出人意料地逃离了这次危险。

（305）我立即召见加利利人的领袖，告诉他们由于约纳特斯一伙人和提比哩亚人背信弃义，我差点被他们干掉。（306）加利利民众被这些事情激怒了，不断呼吁我立刻与对方开战，要我授权他们对付约阿内斯，彻底消灭他和约纳特斯那伙人。（307）然而我努力劝阻他们，虽然他们怒火冲天，但我指示他们耐心等候，等候那些去耶路撒冷的使者回来，告诉我们所发生的事情。我表示最妥当的方法是先听取使团的意见，然后采取相应的行动。（308）我的话说服了他们。与此同时，约阿内斯见自己的突袭计划没有成功，也离开提比哩亚，回到自己的城市吉斯卡拉。

## 约瑟夫派遣的使团返回加利利；
## 耶路撒冷肯定约瑟夫的领袖地位

**60.** (309)几天后,我们派去耶路撒冷的使团回来了。他们报告说,[耶路撒冷的]群众对亚拿努斯一伙和迦玛列的儿子西门感到十分恼火,因为后者在没有公会意见的情况下,派人去加利利,打算要我离开。(310)使团说耶路撒冷的群众甚至冲去放火烧那些人的房子。此外,使团还带回文件,耶路撒冷的领袖在文件中确定加利利是由我统治;他们命令约纳特斯一伙人尽快回家去。当然,这些领袖的态度在很大程度上受到了耶路撒冷群众的影响。

(311)看过这些信后,我去到阿贝拉(Arbela)①村庄。在阿贝拉,我安排了一次加利利人的聚会,并吩咐使团描述耶路撒冷公会如何憎恶约纳特斯一伙人的所作所为;(312)以及耶路撒冷公会已经正式批准由我保护[加利利]地区,还有信上叫约纳特斯一伙回去的事情。事实上,我立刻发了一封信给约纳特斯,并指示送信人深入打探约纳特斯一伙接下来的想法。

## 耶路撒冷使团的对策

**61.** (313)约纳特斯一伙收到信后十分不安,他们召集约阿内斯和

---

① 也叫伊尔比德(Irbid),位于提比哩亚的西北边。

提比哩亚人的公会，还有加巴人的领袖，召开了一次会议，探讨还有什么可行的选择。（314）对提比哩亚人来说，更好的选择似乎是不要妥协。提比哩亚人宣称，因为他们曾经和约纳特斯那群人结盟，所以现在约纳特斯他们不能置他们于不顾；而且我无论如何也不会放过他们。（提比哩亚人捏造说我曾经这样威胁他们。）（315）听见提比哩亚人这样说，约阿内斯很高兴；不仅如此，约阿内斯还建议派两个人到耶路撒冷的群众那里，指控我没有管理好加利利的事务。约阿内斯说，这两个人应当很有说服力，一是因为他们都是有声望的人，二是因为无论哪里的群众，事实上都很善变。

## 两位使者被送返耶路撒冷

（316）看上去约阿内斯似乎提出了最令人叹服的主意，于是提比哩亚人委派约纳特斯和亚拿尼亚去见耶路撒冷的群众，留下另外两个人和他们待在一起。这样的安排似乎十分妥当。为了防守，约纳特斯和亚拿尼亚带了一百名带武器的士兵同行。

**62.**（317）提比哩亚人开始准备修固城墙，他们也指示居民拿起武器。那时约阿内斯住在吉斯卡拉，提比哩亚人从约阿内斯那里调来大量士兵，万一有打仗的需要，这些士兵会和提比哩亚人一起对抗我。

## 两位使者被约瑟夫的守卫逮捕

（318）约纳特斯的队伍离开提比哩亚，来到大比拉——大比拉是一个村庄,位于加利利的边境,坐落在大平原①上。

大约在午夜的时候,他们遇见了我的哨兵。哨兵按照我的吩咐,命令他们放下武器,然后把他们扣留在原地。(319)李维斯是我委派看守那个岗哨的负责人,他写信向我解释了这些事情。

我又等了两天,假装对发生的事情毫不知情。然后我写信给提比哩亚人,建议他们放下武器,再把约纳特斯一伙剩下的两个人打发回自己的地方。(320)但是提比哩亚人幻想着约纳特斯二人已经到达耶路撒冷,便用侮辱的话回应我。

我没有害怕,开始构思一个计划来胜过他们。(321)虽然我认为与自己同城的居民②开战是不敬虔的事,但我的确想把约纳特斯一伙剩下的两个人,就是约萨和西门,从提比哩亚人那里抓过来。我挑选了一万名最好的带武器的士兵,把他们分成三队,命令他们在阿达马(Adamah)耐心等候,埋伏在那里做伏兵。(322)我自己带着一千名士兵进入另一个村庄,距离提比哩亚 1.6 公里,和阿达马一样,都是山地,我指示士兵们在收到信号时立刻冲下来。最后,我从村庄出来,坐在一个没有遮掩的平坦高处。(323)当提比哩亚人看见[我]时,他们陆续不停地跑出来,用各样侮辱人的话冲我叫喊。他们真的很愚昧,甚至抬出来一张殡床;他们站在殡床的四周,开始用笑声和游戏"哀悼"我。但我保持冷静,愉快地观看他们的蠢行。

---

① 参 126 节。

② 就是从耶路撒冷来的其他两位代表,他们仍然留在提比哩亚。

# 第三位使者落网

**63.** （324）为了趁提比哩亚人不防备突然抓住西门和约萨①，我邀请西门和约萨从提比哩亚城走出来一小段距离，并且让他们的许多朋友护送他们出来。我宣称我想从山上下来，和他们签订协议，把加利利地区的保护权分派给他们。（325）西门不加犹豫便出来了，因为他比较年轻，也因为他被获益的期待蒙骗了；而约萨怀疑有伏兵，因此按兵不动。于是我下去和西门见面，他真的在朋友的护送下上山来了。我很大方地和他打招呼，不断表示感激他的到来。（326）我们一起走了一会，我假装想和西门私下会谈，就带[他]走到[他]朋友的前面。接着我把西门拦腰抱起，将他交给和我一起的朋友，把他带到了村庄里。然后我指示带武器的士兵从村庄里冲出来，我们一起开始向提比哩亚人发起攻击。

## 约瑟夫攻打提比哩亚，提比哩亚投降

（327）我们和提比哩亚人展开激烈的战斗，提比哩亚人占了上风，因为我手下很多带武器的士兵逃走了。看见当时的局面，我就呼吁动员那些和我一起的士兵，然后我亲自投入战斗，把原本已占上风的提比哩亚人赶进了城里。我又派另一支军队从湖那边攻击提比哩亚，命令他们谁

---

① 参 197 节。

占领了第一间房屋,就放火把房子烧了。(328)当第一间房屋着火时,提比哩亚人以为他们的城市被突然攻占了,非常恐惧,于是放下武器,带着他们的妇女和孩子,恳求[我]放过他们的城市。(329)我被他们的乞求打动了,于是下令士兵停止进攻。那时黄昏已经降临,我和带武器的士兵停止围攻提比哩亚,回到山上的村庄,开始专心休养身体。(330)我邀请西门一起赴筵,告诉他刚才发生的事情。我给了西门和他的随从一笔路费,并允诺会安全护送他返回耶路撒冷。

**64.** (331)第二天,我来到提比哩亚,随行带了一万名带武器的士兵。我召集提比哩亚人的领袖进入露天体育场,指示他们说出谁是煽动叛乱的人。

## 释放使者,把他们遣送回耶路撒冷

(332)他们指出了煽动叛乱者,于是我把他们捆绑了,押送到约他帕他城。至于约纳特斯和亚拿尼亚身边的人,我解除了他们的捆绑,又给他们一笔路费,然后把他们与西门和约萨一同遣返回耶路撒冷,还安排了五百个带武器的士兵护送他们。

(333)提比哩亚人又来见我,再三为过去所发生的事请求我的宽恕。他们表示将来会效忠于我,将功赎过。他们又恳求我拯救那些在战争中失去家产的人,为他们保留掠夺后剩余的财物。(334)于是我命令那些占有[这些财物]的士兵把所有物品都带到[市]中心。然而士兵们不愿意顺从。我留意到手下一个士兵的外套比平时的衣服华丽,就质问他从哪里得到这件外套。(335)士兵回答说"从城里抢来的",我便责打他作为惩罚,并警告其他人,如果不将掠夺的财物拿出来,他们将会受到更严厉的惩罚。士兵们交出了很多物品,于是我把提比哩亚人叫来,凡是他们确认的物品,我都归还给他们。

## 题外话:提比哩亚的尤斯图斯也是写犹太战争的历史学家,但立场和约瑟夫相左

**65.** (336)叙述到这里,我想就尤斯图斯这个人提出一些看法。尤斯图斯也写了一部作品,描述有关这场战争的历史;还有其他一些人,口里承诺要撰写历史,但因为心怀敌意或偏见就扭曲事实,弄虚作假。(337)在某些方面,他们就像签订法律合同时伪造文件的人一样。伪造文件的人会受到惩罚,这些人却不怕惩罚,故意藐视真相。(338)无论如何,当尤斯图斯着手描述关于战争的这些事情时,为了表明自己是下了功夫的,他不惜说了很多关于我的谎言,甚至连他自己的家乡[是提比哩亚]这件事,他也没有说真话。由于我成了虚假见证的受害人,因此我必须为自己辩护,我要说出到目前为止我一直保持沉默的一些事情。(339)为什么我不早点说出这些事情呢? 这也不奇怪。作为一个写历史的人,我当然有必要说出事情的真相,但同时我也不要带着怀恨的心去揭露某些人的邪恶,这是比较稳妥的做法。这不是为了偏袒那些恶人,而只是为了个人的节制。

# 煽动提比哩亚人背叛罗马的是尤斯图斯,而不是约瑟夫

（340）尤斯图斯,你这位最令人"敬畏"的历史学家——你就是这样自夸的——（[我这样说]是当作尤斯图斯在场我对他的称呼,）我和加利利人怎么可能在你的家乡提比哩亚挑起针对罗马人和王的叛变呢?（341）因为早在耶路撒冷的公会选举我做加利利的将军之前,你和所有提比哩亚人已经试过拿起武器造反;你甚至对叙利亚的十个城市①发动战争。你还放火烧叙利亚人的村庄,你的随从在那次行动中身亡。（342）我不是唯一一个说这些话的人,韦斯巴芎皇帝的战场笔记②也是这样记载的。韦斯巴芎在托勒密时,那十个城市的居民呼求他授权惩罚挑起战争的人。（343）如果不是亚基帕王在接到杀你的授权后,没有马上干掉你,而是听从妹妹百尼基的再三请求,把你关押起来,看守了很长一段时间,你早就在韦斯巴芎的指示下接受公义的惩罚了。（344）而且,你后来的公开活动也清楚地揭示了你生活的另外一面,你挑唆自己家乡提比哩亚的市民起来背叛罗马人,我现在就要列举这些事情的确凿证据。

---

① 又称"十邑城"。——中译者注
② 其他英文版本译成"实况报导"或"注释"（*Commentary*）,可能是根据维斯帕先的战场笔记编辑的官方记录,用拉丁文写的。参 358 节,还有凯撒犹流关于高卢战争的"实况报导"。——中译者注

# 对比:塞弗里斯支持罗马

(345)提到你的事情,我想先发表我对所有提比哩亚人的一些看法。我要向那些阅读史书①的人证明,提比哩亚人既不支持罗马,也不支持王。(346)在加利利,最大的城市就是塞弗里斯和提比哩亚,也就是你尤斯图斯的家乡。关于塞弗里斯,这个城市位于加利利地区的正中央,周围环绕着无数村庄。塞弗里斯人有足够强的军力,完全可以傲慢地对抗罗马人,如果他们想这样做的话。但是他们立定主意,坚决效忠罗马的主人,[因此]不让我进入他们的城市。他们甚至禁止自己的市民加入犹太人的军事活动。(347)不仅如此,为了确保他们的安全措施足以对付我们,他们还骗取我的信任,让我为他们加固塞弗里斯的城墙。他们又急切地从塞斯提斯·加鲁斯那里请来一支巡逻队——塞斯提斯·加鲁斯当时在叙利亚统领罗马人的军队——以此表示对我的轻视,尽管当时我拥有强大的军力,所有人都很怕我。(348)即使当我们最伟大的城市耶路撒冷被占领(公元70年),以及犹太人的圣殿可能被敌人控制的时候,塞弗里斯人也没有派遣盟军,因为他们不想让别人以为他们要拿起武器对抗罗马人。

---

① 直译为"众多史书",可能是指"和我们(立场相左)的历史作品"。

# 提比哩亚反对罗马

（349）相反，尤斯图斯，你的家乡提比哩亚城位于革尼撒勒湖畔（Gennesareth Lake），距离西坡斯（Hippos）六公里，距离加大拉十二公里，距离那个支持王的城市史托普里（Scythopolis）①二十四公里，附近没有一个犹太人的城市，你们完全可以选择效忠罗马人，如果你们想要的话。（350）你们人数众多，也有足够的武器。

尤斯图斯，你在你的书中宣称，我是当时挑起叛乱的人。那么，尤斯图斯，后来又是谁挑起叛乱呢？因为你知道，在耶路撒冷被困之前，我已经去到罗马人那里；后来当约他帕他被攻占时，很多［其他］城堡，还有很多加利利群众加入战争。（351）在那个时候，你们不用再害怕我，你们完全可以放下武器，与王和罗马人站在同一战线，明确［表示］你们不是出于渴望，而是迫于压力，加入了反抗王和罗马人的战争。（352）但你们却一直等到韦斯巴芗亲自率领整队大军冲到提比哩亚的城墙下，才因为感到害怕而放下武器。如果不是韦斯巴芗听从了王的请求，同意迁就你们的愚昧，你们的城市肯定会被罗马人攻占。所以煽动叛乱的人不是我，是你们提比哩亚人想要挑起战争。

（353）还有，难道你们不记得，好多次我克制住自己，不去伤害别人，而你们却常常自相残杀？此外，你们还记不记得你们曾经杀害一百八十

---

① 这仅仅说明史托普里人是站在亚基帕和罗马人这一边的。史托普里是一个独立的城镇，顺服罗马的权柄，并且很明显，它从未落入希律的管辖之下。

五个公民,不是出于对罗马人或对王的好意,而是出于你们自己的邪恶?那时我正好被罗马人围困在约他帕他。(354)另外,在耶路撒冷被占领时,不是有两千个提比哩亚人被认出来吗?他们中间有的倒下了,有的被囚禁起来。

但是你[尤斯图斯]宣称你没有参战,因为当时你逃到王那里去了。我敢说,事实上你这样做是出于对我的恐惧。

## 尤斯图斯和亚基帕的关系

(355)就算照你所说,我是个恶棍,那为什么亚基帕王——虽然之前韦斯巴芗判你死刑时他保全了你的性命,又送给你很多物品——两次把你囚禁起来呢?亚基帕王还两次下令把你逐出提比哩亚①,还有一次下令要杀死你,后来在他妹妹百尼基的再三请求下,才同意保全你的性命。(356)在你犯了这些罪行后,王委任你做处理信件的秘书。后来,你和其他人被发现在处理信件时有不道德的行为,于是王把你从他面前赶走。不过关于这些事情,我不愿意详细探究。

## 尤斯图斯记录的犹太战争历史
## 不是根据一手资料,其中有错误

(357)但是我确实惊讶于你的厚颜无耻,你竟敢说在所有记录犹太

---

① 或"你的故乡"。

战争的作品中,你的叙述是最准确的。其实你对加利利整个地区所发生的事情一无所知,因为当时你和王住在贝里特;你也不知道罗马人在攻占约他帕他时所经历的事情,或者他们对犹太人做了什么。此外,我在约他帕他被攻占时做了什么,你也不知道,因为所有[能够]见证这些事情的人都在那次战役中阵亡了。(358)此外,你还声称自己准确地记录了整个耶路撒冷发生的事情。这怎么可能呢? 你既没有参与战争,也没有读过凯撒①的战场笔记。而[我]有最确凿的证据,可以证明你的记录和凯撒的战场笔记完全相反。

(359)尤斯图斯,你既然有胆量声称,你记录的战争史比其他所有历史学家写的都要好,那为什么当韦斯巴芗和提图斯这两位发起战争的皇帝,以及亚基帕王——他们拥有最高的希腊教育学历——还在世的时候,你没有把自己的历史作品公之于众呢?(360)因为你在二十年前已经写好自己的作品,你完全可以从那些知道真相的人那里,得到他们对你历史作品的认同。现在这些人都不在了(公元 100 年后),你便有胆量了,因为你认为没有人会揭发你了。

## 对比约瑟夫自己的历史作品

(361)至于我本人的作品,我当然不像你那样有顾虑。战争刚刚结束,我就向韦斯巴芗和提图斯两位皇帝递交了我的作品。他们同意我所记载下来的都是事实。也就是说,我期望得到韦斯巴芗和提图斯的认

① 就是提图斯,参 342 节脚注。

同。事实证明，我的期望是正确的。（362）我也立即把自己的历史作品递交给其他许多人，其中一些人还曾参与过战争——例如亚基帕王和他的一些家属。（363）至于提图斯皇帝，他坚称我的作品是唯一向百姓传达有关这次战争历史的依据，因此他在我的书卷上亲手题词，并下令将它们公之于众。

（364）亚基帕王写了六十二封信证明［我］所写的都是事实。我在这里附上其中两封信，如果你坚持想要知道信中写了什么。

（365）"亚基帕王

致亲爱的约瑟夫

你好！

我非常高兴地看完了你的著作，我觉得你的描述很准确，而且经过十分谨慎的处理。请把其余几卷也寄给我①。祝安好。"

（366）"亚基帕王

致最亲爱的约瑟夫

你好！

从你写的作品来看，你似乎不需要特别的指示——［我们可以从你的作品中读懂你的心意，］而不需要从头了解一切的经过。下一次你来见我的时候，我会告诉你许多尚未［广为人知］的事情。"

（367）尤斯图斯，亚基帕王说我的历史作品反映了"真相"，这不是奉

---

① 亚基帕王的请求说明在那个时候，他只收到了《犹太战记》的一部分手稿。
　　——中译者注

承,因为他不需要这样做。也许你①会说,王是在装假,但这不是王的性格。亚基帕王肯定我写的历史是真实的,正如许多读过我历史作品的人那样,他们也发表了同样的意见。

关于尤斯图斯的看法,我们就说到这里吧。这是一个节外生枝的话题,不过还是有必要提一提。

## 吉斯卡拉的约阿内斯被他的大多数支持者抛弃

**66.**（368）我处理完提比哩亚的事务②,便和我的朋友召开一次会议,详细讨论应该怎样对付约阿内斯。对加利利人来说,最好的办法是所有人都到约阿内斯那里去,带着武器,向他讨还公道,因为约阿内斯是挑起一切叛乱的人。（369）至于我自己,因为我承诺要用不流血的方法来平息叛乱,所以我不喜欢加利利人的方法。于是我劝他们不如先想办法,把那些约阿内斯手下的人的名字找出来。

（370）于是民众想办法把这些人找出来,而我也定意要知道这些人是谁。然后我发表一个声明,若那些与约阿内斯在一起的人愿意改变主意,我给他们承诺并表示欢迎。对那些想知道改变主意会有什么好处的人,我给他们二十天作为期限。但是我也威胁他们,如果他们不放下自己的武器,我会派人烧他们的房子,没收他们的财产。（371）这些人听见我的话极为不安。他们抛弃约阿内斯,放下武器,来到我这里,人数共有

---

① 是指尤斯图斯,约瑟夫在这里再次针对尤斯图斯展开辩论。

② 有关的记录在335节中断,这里重新接着讲述。

四千。（372）只有吉斯卡拉的市民和来自大城市推罗的一些外国人继续和约阿内斯在一起，大约有一千五百人。这样，我就用计谋打败了约阿内斯，约阿内斯只能胆战心惊地呆在吉斯卡拉。

## 塞弗里斯人向塞斯提斯·加鲁斯示好，
## 被约瑟夫打败，他手下的士兵几乎把这座城市摧毁

**67.** （373）大约在这个时候，塞弗里斯人因为目睹了我如何对付其他城市，又因为自己的城墙已经加固，于是更加坚定自己的立场，变得非常勇敢，拿起了自己的武器①。事实上，他们派人去见塞斯提斯·加鲁斯——此人是叙利亚的总督，竭力邀请他或者亲自到塞弗里斯，保护这个城市，或者派一支巡逻队过去。（374）加鲁斯答应去塞弗里斯，但没有清楚表明什么时候去。所以我一发现这些事情，就立刻带着士兵去攻打塞弗里斯，攻占了他们的城市。（375）加利利人占领了塞弗里斯的军队集合区域，但他们心中的怒火并未平息——因为他们对塞弗里斯人怀恨已久——他们马上开始猛烈地攻击塞弗里斯，好像要把他们统统消灭，甚至连寄居的外来人士也不放过。（376）加利利人冲进城里，发现里面的房子都是空的（原来塞弗里斯的居民非常害怕，都逃到卫城去了），就纵火烧了那些房子，他们抢劫一切财物，掠夺自己的同胞，大肆破坏这座城市。

（377）我看见当时的局面，心里非常痛苦沮丧。我命令士兵停止破坏，提醒他们这样对待同胞是不敬虔的行为。（378）但那些加利利人不

---

① 参《犹太战记》2.645 前后。

听我的呼吁,也不理睬我的命令,他们心中的仇恨胜过了我对他们的劝告。于是我指示身边最值得信赖的朋友,让他们散布消息说,罗马的一支大部队在塞弗里斯城的另一边发起进攻。(379)我这样做是希望当谣言传开后,我可以控制加利利人的冲动,同时保全塞弗里斯城。最终我的谋略成功了。(380)加利利人听见这个消息,特别是当他们发现他们的将军,也就是我,也和他们一样惶惶不安,他们便害怕起来,丢下掳掠的财物逃走了。为了增加谣言的可信度,我故意装作和他们一样紧张。这样,因着我巧妙的计谋,塞弗里斯人在绝望中得到了拯救。

## 提比哩亚人向亚基帕王求助,导致同样的危险

**68.** (381)提比哩亚城也几乎被加利利人洗劫一空,原因是这样的:提比哩亚城的公会领袖写信给王(亚基帕二世),请求王到提比哩亚来保护这座城市。(382)王几次承诺会来,还写了回信,交给手下一个叫克利斯普斯(Crispus)的男仆,带给提比哩亚人,克利斯普斯的祖上是犹太人。(383)当加利利人发现克利斯普斯带着信件时,他们拘捕了克利斯普斯,把他带到我这里。群氓听到这个消息后非常愤怒,纷纷拿起武器。(384)第二天,许多加利利人从四面八方聚集起来,进入亚索吉斯城①——我当时居住的城市。加利利人大声呼喊,称提比哩亚人是卖国贼和王的朋友,要求我授权他们下到提比哩亚,把提比哩亚人统统消灭。因为加利利人也痛恨提比哩亚人,就像他们痛恨塞弗里斯人一样。

--------

① 参 207 和 233 节。

# 约瑟夫拯救了提比哩亚

**69.** (385)听见这些事情,我有些茫然,不知该如何帮助提比哩亚脱离加利利人的愤怒。我不能否认,提比哩亚人的确写信请王过来,因为王给提比哩亚人的回信已经暴露了事实。(386)于是,经过长时间的深思熟虑,我对加利利人说:

"提比哩亚人做了错事,这我知道,所以我不会阻止你们劫掠他们的城市。但与此同时,你们在执行这种重大任务时,要有判断力。因为拦阻你们自由的卖国贼不只是提比哩亚人,在加利利也有很多最受尊敬的人,他们其实也是卖国贼。(387)所以你们先站在一旁,等我把那些罪犯都找出来。然后你们可以任意处置他们,还有你们自己想要处置的人,随便你们处置多少人都可以。"

(388)用这些话,我终于说服了群氓。等到他们的怒火平息后,他们就解散回家了。

虽然我指示手下的人把王派来的信使克利斯普斯拘禁起来,但几天后,我装作有紧急的任务需要离开王国①。我秘密地召见了克利斯普斯,命令他把守卫灌醉,然后逃到王那里去,我承诺不会有人追赶他。(389)克利斯普斯听信我的承诺,成功地逃走了。这样,借着我指挥的才干和保护,提比哩亚人也逃过眼前的急难,尽管他们将要面对第二次被消灭的危险。

---

① 当时提比哩亚是亚基帕二世"王国"的一部分(《犹太战记》2.252;《犹太古史》20.159);亚索吉斯是约瑟夫的总部(384节),显然不属于亚基帕二世的王国。

# 尤斯图斯投奔亚基帕

**70.** (390)大约在这个时候,皮斯图斯的儿子尤斯图斯避开我,跑到王那里去。尤斯图斯为什么跑到王那里去呢? 我来讲讲当时的情况。(391)当犹太人反抗罗马人的战争爆发时,提比哩亚人决定顺服王,不背叛罗马人①。但是尤斯图斯一心想要革命活动,因为他希望可以同时统治加利利和提比哩亚他的家乡。尤斯图斯劝说提比哩亚人拿起武器。(392)当然,尤斯图斯期望的事情一件也没发生,因为加利利人在战前受过[尤斯图斯]的苦②,所以加利利人憎恨提比哩亚人,(393)他们不会容让尤斯图斯作他们的将军。当我被耶路撒冷的公会推选为保护加利利地区的将军后,我常常被尤斯图斯气得直冒怒火,他的卑鄙令我忍无可忍,我几乎要把他杀了。尤斯图斯很担心我的怒火终有一天会爆发,于是他派克利斯普斯去见王,他认为他在王的领地可以安心居住。

## 塞弗里斯人再次发出请求,得到塞斯提斯·加鲁斯的帮助

**71.** (394)在出乎意料地逃过第一次危险③后,塞弗里斯人传话给塞斯提斯·加鲁斯,要求他赶快过来,保护塞弗里斯城,或者派一支军队过

---

① 参 32 节及后面的内容。

② 参 341 节。

③ 参 373 节及后面的内容。

来,抵挡加利利人的进攻。最终,他们说服了加鲁斯,加鲁斯派了一支庞大的军队,有步兵也有骑兵,在夜间来到塞弗里斯,受到了塞弗里斯人的欢迎。(395)但是,当周围的农村受到罗马军队的蹂躏时,我带领手下的士兵来到加里斯(Garis)村庄。在那里,塞弗里斯城外四公里的地方,我挖了一个有围栏的营地,在夜间离开营地前进,进攻塞弗里斯城的城墙。(396)我手下很多士兵通过云梯进入城里,很快我发现,我们已经控制了塞弗里斯城的大部分地区。但不久我们便需要撤退,因为我们不熟悉塞弗里斯的地形。这次战役我们歼灭了对方十二个步兵和一些塞弗里斯的居民,而我们只损失了一个人。(397)后来,我们在平原上与加鲁斯的骑兵打仗,经过激烈的战斗和巨大的危险,我们战败了,因为当罗马人围攻我们的时候,我手下很多士兵非常焦虑,逃到后方去了。我最信任的一个保镖,名叫尤斯图斯,以前是王的保镖,也在这次战役中倒下了。

## 苏拉率领亚基帕的军队,抵达加利利

(398)大约在这个时候,王的军队到了①,有骑兵也有步兵,军队的首领是苏拉(Sulla),他是王身边保镖的指挥官。苏拉在距离朱利亚斯(Julias)②一公里的地方建立基地,又派巡逻队把守通往塞琉西亚③和

---

① 参 381 节。

② 伯塞大朱利亚斯(Bethsaida Julias, *et-Tell*),位于革尼撒勒湖北边的尽头,约旦河的东边。

③ *Selukiyen*,在朱利亚斯的东北边。

加马拉①城堡的道路，借以切断加利利人的供给。

## 约瑟夫对战保王派军队

**72.** (399)当我发现这些事情时，我派出两千个带武器的士兵，并委任耶利米作他们的将军。他们在靠近约旦河距离朱利亚斯两百米的地方，挖了一个有围栏的营地，但仅仅投射一些石头、弓箭之类，直到我自己带着三千士兵到达他们那里。(400)第二天，我在距离围栏营地不远的溪沟里安排一支突击队，埋伏在那里，然后激动王的军队和我方开战。我吩咐手下的士兵把敌人引到较远的地方，然后才可以转身撤退。他们照我的吩咐做了。(401)苏拉以为我们真的撤退了，于是带领军队前进，准备追击我们，我安排的突击队就从后面袭击他们，苏拉的军队顿时骚乱起来。(402)接着我和手下的军队突然调头，正面冲向王的军队，把他们赶跑了。如果不是恶灵的骚扰，那天的战局对我很有利。

## 约瑟夫摔下战马

(403)我的战马摔倒在泥潭里，把我抛在地上，我的手掌部位骨折了，被带到一个名叫卡法诺卡斯（Cepharnocus）②的村庄。(404)听见消

---

① 应当是革尼撒勒湖东边的地方，也就是朱利亚斯的南边。

② 或"卡法诺蒙"（Capharnomon），不同的抄本对这个名字的拼法不同，但显然这个地方就是迦百农（Capernaum）。

息的人都很担心我有更重的伤。于是他们放弃追赶敌人，回过头来关注我的伤势。他们叫来医生给我治疗，那天我就待在村庄里，因为我发烧了。根据医生的建议，他们在晚上把我送到塔里切亚。

**73.** （405）听见我受伤的消息，苏拉的军队士气重振。苏拉知道〔在这种情况下〕我方士兵会忽略对基地的防守，于是他在晚上安排一支骑兵突击队埋伏在约旦河对岸，到了日间就来向我们挑战。（406）我的士兵接受了挑战，一直前进到平原地带。苏拉安排埋伏在那里的骑兵突然出现，把我方士兵吓得逃跑了。苏拉的骑兵杀了我方六个士兵，但没有取得完全的胜利。因为当他们听说有带武器的士兵从塔里切亚乘船去到朱利亚斯时，他们害怕起来，就撤退了。

# 公元 67 年的春天，韦斯巴芗来到加利利

**74.** （407）不久，韦斯巴芗来到推罗，和他一起的还有亚基帕王。推罗人羞辱王，说他是推罗人和罗马人的敌人，因为推罗人说王的军队长官腓力①听从王的命令，出卖了王宫，也出卖了驻扎在耶路撒冷的军队。（408）韦斯巴芗听见推罗人这样侮辱一位君王兼罗马人的朋友，便斥责推罗人，并劝说王派腓力到罗马，向尼禄汇报发生的事情。（409）腓力去了，但他从未见过尼禄。因为腓力发现，由于各样的骚扰和内战的影响，尼禄已经快要下台了，所以腓力就回到王那里去了。

（410）当韦斯巴芗来到托勒密时，叙利亚十个城市的首领大声斥

---

① 参 46 节及后面的内容，以及 179 节及后面的内容。

责提比哩亚的尤斯图斯,因为尤斯图斯曾经放火烧他们的村庄。于是韦斯巴芗把尤斯图斯交给王,由国王手下的臣民处置。但我前面说过①,王只是把尤斯图斯囚禁起来,并向韦斯巴芗隐瞒了这件事情。

## 接下来的历史事件,读者可以阅读《犹太战记》

(411)塞弗里斯人出来迎见韦斯巴芗,向他问安,并接纳了韦斯巴芗的军队和普拉奇多斯(Placidus)将军。他们跟随这些人[走上山地],我跟随在后面②……直到韦斯巴芗来到加利利。

(412)接下来发生的事情,就是韦斯巴芗怎样率先在加里斯村庄与我开战,我又怎样从加里斯退到约他帕他,以及约他帕他被包围时发生在我身上的事情,还有我怎么被活捉,被拘禁,又怎么获释;还有犹太战争时期和耶路撒冷被围困期间在我身上发生的一切事情,我都在《犹太战记》这部作品中做了详细记录。(413)但我认为需要在这里补充一些我生平的事情,是《犹太战记》中没有记载的。

**75.** (414)约他帕他被围困后(战争结束后,公元67年)③,我落入罗

---

① 参341—343节。

② 显然这里的文本有缺漏。读者也许可以从《犹太战记》3.30—34、59、110的记载中,得到关于这里记述事件的历史细节。——中译者注

③ 在《犹太战记》3.316—392,约瑟夫记录了约他帕他的沦陷,时间是公元67年(《犹太战记》3.339)7月下旬(Panemus 1)。——中译者注

马人手中，在被看守期间我得到了各方面的照顾。韦斯巴芗说了很多恭维我的话，给我各样的尊荣。事实上，在韦斯巴芗的指示下，我甚至还娶了一个处女为妻，她是凯撒利亚的居民，是罗马人从凯撒利亚掳掠的一个俘虏。（415）但这位姑娘和我在一起的时间不长，当我获释并和韦斯巴芗一起前往亚历山大时，她也获得了释放。在亚历山大，我又娶了一个妻子。

（416）在亚历山大，我被委派与提图斯一起前往围困耶路撒冷（公元70年）。我常常面临生命危险。一方面，犹太人为了报复，极力想要对付我；另一方面，罗马人也常常怀疑我，每次他们打了败仗，就怀疑是我出卖了他们。罗马人不断向皇帝抗议，苦苦请求他处罚我，因为我出卖他们。（417）但凯撒提图斯（Titus Caesar）深谙战争的风云变化，他的沉默化解了士兵对我的攻击。

耶路撒冷城被罗马人攻陷后，凯撒提图斯常常试图劝我从家乡的废墟中拿些什么我喜欢的东西。他坚持说他准许我这样做。（418）但我没有什么特别珍贵的东西想从沦陷的家乡拿走，作为对我当时处境的安慰。我恳求提图斯释放一些人，给我一些圣书……这些可算是提图斯赐给我恩惠的表达方式。（419）事实上，稍后当我要求［释放］我的兄弟和我五十个朋友时，提图斯没有让我失望。后来，我在提图斯的授权下进入圣殿，那里关押了一大群囚犯，有妇女也有孩子。凡是我认得的人，我的很多朋友和亲眷，我把他们都释放了——总数大约有一百九十人。他们无需交赎金，我同情他们的遭遇，把他们都释放了。

（420）后来，凯撒提图斯派我和塞瑞利斯（Carealius）带领一千骑兵前往一个名叫底科阿(Thekoa)①的村庄,查看那里的地形是否适合挖掘有围栏的营地。当我从底科阿回来后,我看见很多囚犯被钉十字架,我认出其中三个是和我关系很近的亲眷。我心里很难过,于是我哭着去见提图斯,告诉他我很难过。(421)他立刻下令把我的三个亲眷放下来,给他们安排最好的治疗。可惜其中两个在治疗期间去世,但第三个活了下来。

# 约瑟夫成为罗马公民

**76.** (422)平定了犹大的动乱后,考虑到因为罗马军队要在耶路撒冷驻守,我原来在耶路撒冷地区持有的产业不会有太大的收益,提图斯给了我在平原地区的另外一块地。后来,当提图斯准备回罗马时,他欢迎我与他作伴,乘船去罗马,并授予我一切的荣耀。

(423)我和提图斯来到罗马,韦斯巴芗给我一切的供应,他甚至让我住在他被加冕为皇帝之前所居住的房子里。韦斯巴芗赐予我罗马公民的身份。他也给我俸禄,让我可以购买需要的东西,并一直保持给我[这些]荣耀,直到他去世为止。韦斯巴芗从来没有收回给我的任何好处——这也给我带来危险,因为别人妒忌我。(424)有一个叫约拿特思(Jonathes)的犹太人②在古利奈煽动骚乱,说服了两千个当地的居民[加入他的队伍],带他们走向毁灭。约拿特思被那地区的统治者拘捕起来。当他被送到皇帝那里时,他坚持说是我向他提供武器和粮食。(425)当

---

① 阿摩司的出生地,位于耶路撒冷以南大约二十公里处。
② 参《犹太战记》7.437—450,约拿特思受到刑罚,并被活活烧死。

然,韦斯巴芗看出约拿特思是在撒谎,于是判他死刑。约拿特思被交给行刑的人处死了。自那以后,许多妒忌我成功的人常常捏造对我的指控,但因着神的保守,我总能够脱离危险。此外,韦斯巴芗还赐给我犹大的大片土地作为礼物。

# 家庭情况

(426)也就是这个时候,我休掉了我在亚历山大娶的妻子,因为我不喜欢她的习惯。她为我生了三个孩子,两个死了,还有一个现在仍然和我们在一起,我给他取名叫希尔克努。(427)此后我另娶了一位姑娘,她虽然居住在克里特,但祖上是犹太人,她的父母来自克里特地区最高贵最知名的家族。这位姑娘品德高尚,超过其他许多妇女,她后来的生活可以为此作证。她给我生了两个孩子:老大叫尤斯图斯,老二叫西莫尼季斯(Simonides),姓氏是阿基帕。(428)这些就是我家里的事情。

皇帝给我的恩惠基本照旧不变。当韦斯巴芗去世,提图斯接替他统治罗马时(公元79年),提图斯继续给我同样的尊荣,好像他父亲那样。虽然我常常受到指控,但提图斯不相信那些指控。(429)后来,图密善接任提图斯的皇位(公元81年),他进一步加增了我的荣耀。例如,图密善处罚了那些指控我的犹太人,还惩罚了我的一个太监仆人,也是我儿子的教师,因为他指控我。图密善还豁免了我在犹大拥有的领土的税金,这对接受者来说真是最大的荣耀。凯撒的妻子多米提阿(Domitia)也继续给我各样的好处。

（430）这些就是我一生中发生的事情，若有人从这些事情中判断我的品格，就让他们判断吧。最尊贵的以巴弗提（Epaphroditus）大人，我奉上全套的《犹太古史》①，以及那之后直到现在历史的全部记录，作为对你的回报，我的叙述到此为止。

---

① 《自传》（至少在其最后的版本中）属于《犹太古史》的附录。参《犹太古史》20.266，并参见《自传》的简介。

**图书在版编目(CIP)数据**

约瑟夫自传/(古罗马)约瑟夫(Flavius Josephus)著;吴轶凡译.
—上海:上海三联书店,2023.3
(约瑟夫著作全集)
ISBN 978－7－5426－6116－6

Ⅰ.①约… Ⅱ.①约… ②吴… Ⅲ.①约瑟夫－自传
Ⅳ.①K831.985.581

中国版本图书馆 CIP 数据核字(2017)第 268465 号

## 约瑟夫自传

著　　者 / 约瑟夫
译　　者 / 吴轶凡
审　　校 / 黄锡木

策　　划 / 橡树文字工作室
特约编辑 / 刘　崧
责任编辑 / 邱　红
装帧设计 / 周周设计局
监　　制 / 姚　军
责任校对 / 王凌霄

出版发行 / 上海三联书店
　　　　　(200030)中国上海市漕溪北路 331 号 A 座 6 楼
邮　　箱 / sdxsanlian@sina.com
邮购电话 / 021－22895540
印　　刷 / 上海颛辉印刷厂有限公司

版　　次 / 2023 年 3 月第 1 版
印　　次 / 2023 年 3 月第 1 次印刷
开　　本 / 890 mm × 1240 mm　1/32
字　　数 / 70 千字
印　　张 / 3.25
书　　号 / ISBN 978－7－5426－6116－6/K・439
定　　价 / 45.00 元

敬启读者,如发现本书有印装质量问题,请与印刷厂联系 021－56152633